サッカー小僧新書

SOCCER KOZO SHINSHO 007

異端者たちのセンターサークル

──プロサッカー選手を育てるということ

海江田哲朗

Tetsuro Kaieda

白夜書房

~目次~

第5章　再起　――ヴェルディの誇り――

帯・本文写真／高橋学（Manabu Takahashi）

はじめに　～序章にかえて～

でっかい夕陽がジェットコースターの向こうに沈んでいく。

グラウンドにはまだ誰もいない。ひっそりと静まり返っている。

午後4時過ぎ、東京ヴェルディの練習場、通称ランドにいて、私はこの時間が一番好きである。門をくぐって最初にやってくるのは、サッカースクールに通う5歳くらいの男の子だ。グリーンのシャツを着て、リュックを背負っている。水筒を首からぶら下げ、ボールを両手に抱えながらやってくる。

目の前を通り過ぎるとき、ちらっと目が合う。やんわり笑いかけてみるが、まずお返しはない。そのまま知らんぷりしてトコトコ歩き、人工芝グラウンドの入口から中に入っていく。

最初はひとりだ。荷物を隅っこにまとめると、壁当てを始める。そのうちゾロゾロやってきて、5、6人になる。普及スタッフが現れ、ミニゴールを並べる。男の子は、今日は何をやるのだろうという顔をしている。

次に小学生が姿を見せる。先ほどの5歳児と比べると、歩き方がだいぶしっかりしている。たまに「こんにちは」とあいさつがあり、「こんにちは」と返す。楽しくやれよ、と心の中で語りかける。

日が沈みかけ、あたりをオレンジ色の光が包む。その頃になるとジュニアユースやユースの選手が自転車を漕ぎながらやってくる。だりぃぜみたいな空気を漂わせている。そういう年頃なのだろう。女の子の姿もある。短めの髪をなびかせながら、走り抜けていく。メニーナの練習に遅れそうなのかもしれない。

そうして、グラウンドに命が吹き込まれる。さっきまでの静寂はなく、そこら中からボールを蹴る音や笑い声が聞こえてくる。心なしか人工芝の緑が濃くなったような気がする。

ここは、サッカーの家だ。

グラウンドの手前ではゴールキーパーの練習が始まった。奥ではジュニアユースがボール回しをやっている。いくつかのグループがセンターサークルを中心に点在する。沈みゆく夕陽に照らされ、人々の影が細長く伸びてゆく。遠ざかり、離れてなお、原点としてあり続けるものを思う。

なぜ、東京ヴェルディの育成組織から多くのプロサッカー選手が生まれるのか。

これまで当たり前のこととして語られ、私自身、深く掘ってみたことがなかった。条件を挙げるなら、素質に恵まれた選手、優秀な指導者、サッカーに打ち込める環境。この3つは外せない。ただし、必要条件ではない。どれかひとつ、あるいはふたつ欠けても、プロになる子はなる。3つとも欠けるとさすがに厳しいが。そして十分条件とも違う。三拍子そろっていても、プロになれるとは限らない。人間がやることだから、なかなか一筋縄ではいかないのである。

1969年、日本初のクラブチームとして創設された読売クラブで醸成されたサッカーのエッセンス。それが選手の育成を通して受け継がれていく様は大変興味深い。一部は変わらないまま、一部は少しずつ変化し、現代につながっている。指導者が何に重きを置くかによって中身や濃度が異なるのは言うまでもない。

その一方、ランドで育った選手でワールドカップのピッチに立った者がゼロという事実をどう受け止めるのか。記憶に新しい2010年の南アフリカ大会は森本貴幸がメンバー入りしたが、残念ながら出場機会はなかった。日本は4大会連続で出場しており、これまでヴェルディが輩出したプロの数を考えると、ただ単に巡り合わせが悪かっただけとは考えにくい。ぎりぎりヴェルディの練習生からスタートした中澤佑二をカウントしてもいいような気がするけれども、当時の彼はすでにハタチを超えていた。ランド育ちと承認する人は少ないと思われる。

２０１０年、ヴェルディは経営危機が表面化し、最悪の場合はクラブが解散するところだった。Ｊリーグ指折りの優秀な育成組織を持ちながら、どうしてそんなことになったのかと不思議に思った人は少なくないはずだ。私もそう思った。メディアの立場で10年も取材しているのに、そんなのんきなことではいけないのだろうが、思ってしまったものは仕方がない。今後、同じ目に遭わないように、きちんと考えを深めておいたほうがいい。育成組織を有効活用しなかったのではなく、できなかった理由がそこにはある。

今回は主に指導者を中心に展開するノンフィクションを綴った。ヴェルディの指導者に〝なる〟というのはどういうことなのか。何を思い、どれほどの情熱で選手たちに接したのか。その先に何を見つけたのか。そこには指導者しか味わえない喜怒哀楽があり、時には終生忘れられない疵を抱えることもある。大なり小なり、誰しも悔恨とは無縁でいられない仕事である。

私はあちこち訪ね歩き、ヴェルディのシルクロードを旅した。たとえクラブを離れた人であっても、傍観者然として語る人物はひとりもいなかった。ある人は半生を懸けて取り組み、ある人は短い期間のうちに持てる力を注いだ。育成の仕事は結果が出るまでそれなりの多くの時間を要す。そこを去ったあとに花が咲くのは珍しくない。

圧倒的にエモーショナルな話があれば、妙にしんみりとする話もある。話を聞き終えたあとは、必ずといっていいほど〝問い〟を持ち帰ることになった。それらは自分ひとりではとても抱えきれるものではなく、またそうすべきとも思えなかったので、いくつかは回答を用意せず文中に散りばめてある。

ほんの軽い気持ちで一緒に考えてくれたらうれしい。

２０１１年秋　海江田哲朗

※本書に記載されている人物の所属及び職名、選手・チームのデータ、建物の名称等につきましては、2011年10月7日現在のものです。また、名称・敬称は略としております。

第1章　異端

――サッカー小僧の楽園――

日常の風景――大人と少年の真剣勝負

体のサイズは倍ほども違う、大人と少年が真剣勝負を繰り広げていた。

大人は足裏で器用にボールを操り、少年を翻弄する。そう易々とはボールに触らせない。右へ左へと振り回し、鮮やかな股抜きを決める。

グラウンドの隅にはスプリンクラーのたまり水に浸かるコカ・コーラの1リットル瓶があった。少年はいつも行きがけにある駄菓子屋でコーラを買い、そうやって冷やしておいた。

一瞬の隙を突き、大人の股下をするっとボールが通った。まんまと成功し、振り向いた少年は、にやっと笑う。そして、再び向かっていく。同じ手は二度も通用しない。前回とは違うフェイントを仕掛け、大人を抜きにかかる。ほんの少し、ボールコントロールが乱れる。ガツンと体を入れられ、芝生の上に転がされる。

少年の呼吸は荒く、薄い胸がせわしなく上下している。見上げる空はどこまでも青い。燦々と陽光が照りつけ、流れ落ちる汗が目にしみる。

「どうした、降参か？」

「ちょっと休憩」

少年はむくっと起き上がり、のどを鳴らしてコーラを飲む。そうして、さて次はどうやって抜いてやろうか。さっきは切り返しが幾分甘かったなどと考えている。

大人と少年の火の噴くようなせめぎ合いは日が暮れるまで続いた。

それが、この場所にあった日常の風景だった。

「あるところにしかない」もの

東は多摩川から西は高尾山の麓まで、東京都と神奈川県にまたがる多摩丘陵は約300㎢の広大な面積を誇る。東京都稲城市、小高い丘の上に広がるよみうりランド。東京ヴェルディの練習場はこの一角にある。

2005年、東京ヴェルディは17位の成績でクラブ史上初のJ2降格。2007年にJ1復帰を果たすものの、2008年には再びJ2に降格した。Jリーグ初代王者であり、ラモス瑠偉、三浦知良、柱谷哲二、北澤豪といった数多くの代表選手を抱えるチームはスター軍団と称されたが、輝かしき栄光から遠ざかって久しい。

一方、幾多のプロ選手を輩出してきた育成組織には変わらず定評がある。2011シーズンのJリーグに登録されている選手のうち、ジュニアユース年代で東京ヴェルディの育成組織（支部を含む）を経たJリーガーは100人を超え、この数字はすべてのJクラブの中で堂々のトップだ。

2011年の夏、日本クラブユースサッカー選手権（U-18）の決勝に駒を進めた東京ヴェルディユースはヴィッセル神戸U-18を下し、2年連続14回目の優勝を達成。得点王に南秀仁、MVPに杉本竜士、ベストヤングプレーヤー賞（16歳以下）に中島翔哉が選出された。

2010年、同大会を制したチームからは小林祐希、高木善朗、高野光司、キローラン木鈴、キローラン菜入の5人がトップに昇格しており、2011年のメンバーからも複数のトップ昇格が確実視されている。

2010年から東京ヴェルディユースを率いる楠瀬直木は言う。

「大会前の時点では、今年は少し厳しいかなと考えていましたね。昨年から最終ラインがそっくり入れ替わり、選手の力量も落ちる。僅差のゲームになったとき、辛抱して勝負をものにするのは難しいだろうと。それが大会を通じて成長し、特にボールに対する執着心が強まっていきました。まだまだ捨てたもんじゃないなと思いましたよ。ここで育った選手には

勝者のプライド、勝利を渇望するメンタリティがある。それはあるところにしかないんです。忘れたらヴェルディではない。この目に見えない力を育成から取り戻していきたい」

タイトル獲得はまぎれもなく選手たちの力であり、指揮官の手腕が引き寄せたものだ。だが、1年や2年の短期間に成功の理由を見つけようとするのは間違いである。

南はジュニアユースまで東京ヴェルディ相模原支部で育ち、本部のユースに加わった。相模原支部の代表は、読売クラブOBの土持功である。土持は南に対し、戦術的な指導をほとんどしなかった。ボールを持ったら目の前の相手を抜け、そしてゴールを決めてこい。3年間、ほぼそれだけだ。ユースに加入したときの南の率直な感想は「こっちでは味方にパスを出すのか」であった。

また、杉本は菅澤大我（現・ジェフ千葉U-18コーチ）が手を尽くし、東京ヴェルディジュニアユースに引き入れた選手である。その野性的なプレースタイルに惚れ込み、所属する府ロクサッカークラブに足繁く通い、獲得に成功した。

「これからヴェルディは強くなるんですよ。数年後、俺が獲ってきた選手たちがトップに上がって中心になるから」

2005年の冬、菅澤はそう言い残し、クラブを去っている。

2年生ながら守備の要となっている吉野恭平は宮城県のACアズーリ出身。アズーリの代表を務める鈴木武一は読売クラブOBで、育成組織の指導者のひとりだった。吉野が高校に上がる際、数多くのオファーが寄せられるなか、東京ヴェルディユースが争奪戦を制したのは鈴木のもたらした影響にほかならない。

これらの材料を加えると、クラブユース選手権の連覇は脈々と受け継がれてきた伝統の勝利といえる。時代が移り変わり、人もまた入れ替わっていくなか、サッカーのエッセンスをどうやって継承してきたのか。

私はその源流に分け入ってみたく思った。

選手権に憧れる『クラブの奴』

1969年、前身の読売クラブが創設され、よみうりランドに本拠地を構える。全面芝生のグラウンドが3面。陸上トラックのある芝生のグラウンドが1面。企業や学校スポーツ全盛の時代、読売クラブは欧州のサッカークラブをモデルにした画期的な組織だった。

また、アマチュアリズムが支配する日本サッカーにあって、将来のプロ化を見据える読売クラブは完全な異分子だった。やがて読売クラブの選手はプレーで報酬を得るようになり、出場給や勝利給のシステムが確立されていく。他に先駆け、実質的にはプロとしてその地歩を固めていった。

読売クラブの創設初年度、芝生でサッカーができることに惹かれ、ひとり、またひとりと若い選手が集まってきた。小見幸隆（現・柏レイソル強化本部・統括ダイレクター）と土持もそのクチである。当時、小見が高校2年、土持が高校1年。足を踏み入れたのは小見のほうが数ヵ月早い。集まったメンバーは主に近隣の弱小校のエースだった。月会費500円、年会費1万円を収めれば、芝生のグラウンドで好き放題にボールを蹴らせてもらえた。

小見は読売クラブに入った当時をこう振り返る。

「俺はサッカーを始めたのが遅いんですよ。中学1年のとき、いたずらにボールを蹴り始めた。最初は同年代の有名校の選手に憧れたものです。帝京や中大付属など選手権に出るようなサッカー部の選手にね。読売ユースなんて誰も知らなかった。指導者が彼らと一緒に練習する機会を作ってくれて、徐々に慣れてくるとこいつらより自分のほうが巧いのではないかと感じるようになっていった。あの頃は『クラブの奴』という言い方をされていたね。今はJリーグのアカデミーと高体連のサッカー部をよく比較するけれど、そういった対比すら成り立たなかった。俺らだけが異端児だったんですよ」

ふたりが試合に出場するチャンスは思いのほか早くやってきた。通い始めて1年が過ぎた頃、コーチの柴田宗弘は言った。

「お前ら、今度、佐賀で開催される全日本社会人大会のメンバーに入れてやる。ただし、高校生ではまずいから、ひとつずつ年をサバ読んでおけ。小見が19、土持が18だ」

ふたりにとっては何ら問題ではない。それより土持は初めての飛行機に興奮し、しかもタダで乗れるとあって大変得をした気分だった。土持によると、自分の出番はなかったが小見が途中出場でピッチに立ったと記憶している。

ヘタなりの自分の色

当時、グラウンドから少し歩いたところに3階建ての宿舎があった。現在、スーパー銭湯「よみうりランド丘の湯」が建つ場所である。

ある夏、宿舎で暮らす選手たちの間で、真夜中になるとお化けが出るらしいと噂が立った。夜中、廊下からペタ、ペタ、ペタン――と不気味な音が聞こえてくるという。確かに自分も聞いた、あの湿った気持ち悪い音はなんだ、との声が続出した。

高校3年の夏休み、土持は毎日のように宿舎に入り浸っていた。高校を出た小見がすでに住んでおり、先輩や同期の仲間たちと深夜までサッカー談議にふけっていた。すると、気分が高揚し、なかなか寝付けないのである。頭の中でサッカーのことがぐるぐる回る。体がムズムズし、思いついたアイデアを試したい衝動が突き上げ、どうにも耐えがたくなる。

土持は雑魚寝の中をそっと抜け出し、台所へと向かった。やかんに水を入れ、廊下にポツン、ポツンと水をたらしていく。小さな水たまりをマーカー代わりに、ステップワークのトレーニングを始めた。練習していたのは、憧れてやまないブラジル代表のペレのステップだ。当時、一般には映像の入手が難しかったが、グループ企業の日本テレビ関係者が特別にフィルムを融通してくれて、繰り返し何度も研究できた。そうして気の済むまで練習し、ほどよく疲れたところでようやく床に就いた。

お化け事件は、土持の極秘トレーニングを覗き見た小見が面白おかしく周囲に広めたものだった。のちに小見は土持に「俺だって麻雀がハネたあと、いつも10㎞は走っていたからね」と話しているが、真偽のほどは定かではない。こちらの目撃者はとうとう出てこなかった。

新しい選手は次から次にやってきた。多くは高校選手権の常連校出身で、スカウトされて入ってきた。土持はヌシのような態度で新入りを迎えた。

「小見とふたりして、『あいつどっから来たんだ?』『ヘタだよなァ』と言い合っていました。確かにヘタだったんですけど、それぞれ自分の色を持っていましたね。おかげでチームに同じタイプがいなかった。ヘタだったら体を張ってなんぼと、タックルやヘディングは絶対に負けない。毎日、ヘディングの練習を1000回する奴がいてね。おでこが腫れ上がって血まで流してるんですよ。そこまでひとつのことに努力できる選手のことは認めていました」

12歳の都並敏史と戸塚哲也

やがて、グラウンドのそばに木造2階建てのクラブハウス兼宿舎が建設され、土持はそこに移り住んだ。

チームの練習がオフの土曜日、部屋で寝ていた土持は外からの甲高い声に起こされる。枕元の時計を見るとまだ8時を回ったばかりだった。

もう少し眠っていたかったが、子どもの声があまりに耳障りでサンダルをつっかけて外に様子を見に行った。すると、グラウンドに中学生ぐらいの少年が5人おり、楽しげにボールを蹴っている。

「お前ら、何やってんだ」

近寄って来た土持に対し、少年たちは物おじせずに答える。

「僕ら、読売クラブでサッカーをやりたいんです」

話を聞けば、少年たちは読売クラブのジュニアユースに所属しているという。トップがオフの日を狙い、開放される芝のグラウンドで思う存分サッカーをやろうという魂胆であった。

土持は、どれ一緒にボールを蹴ってやろうかという気になる。

「ミニゲームをやりましょう」と中学生が提案してきたが、相手は5人もおり、狭いエリアの勝負では勝ち目が薄そうだった。

「ピッチを広く取るならやってやる。先に10点取ったほうが勝ちでいいな」

土持は勝手にルールを決め、サンダルを放り投げ、裸足になった。相手が中学生ならボールを前に運ばれてもダッシュで追いつけるだろう。ボールを奪ったら、そこからドリブルで全員かわしてゴールを決めればいいと大雑把なプランを立てた。

実際、読売クラブきってのドリブラーは中学生を圧倒した。少年たちはボールに触ることすらできず、次々にかわされる。裸足でボールを正確に操り、変幻自在のフェイントで手玉に取った。そして、シュートはフルパワーで打った。中学生はたまらず悲鳴を上げる。

「ずりぃよ」

「大人は汚ねえよ」

遊んでもらっているくせに、口々に文句を言った。もっとも、そんなことは土持のあずかり知らぬところで、まったく意に介さない。相手が子どもだろうと、負けるのは我慢ならなかった。そうして軽々と10点を奪い、中学生には1点も与えず、悠然と引き上げていった。

打ち負かされた中学生の中には、のちにトップの主力となり、日本代表まで上り詰める都並敏史（現・東京ヴェルディ育成アドバイザー）や戸塚哲也がいた。以降、土持との交流が始まり、土日の朝にはずうずうしく部屋のドアをノックしてくるようになる。このとき土持は20歳、都並と戸塚は12歳だった。

本気の大人を負かす喜び

相手が子どもであっても容赦はしない。それが読売クラブの流儀だ。小見や土持は気が向けばジュニアユースの練習に顔を出し、一緒になってボールを追いかけた。

１９７２年に来日し、読売クラブに加入した与那城ジョージ（選手登録はジョージ与那城）もそのひとりだった。ジョージはブラジル・サンパウロ州出身の日系二世である。

戸塚はその頃に受けた衝撃をこう振り返る。

「ボールが左にあると思ったら一瞬で右に、目の前にあると思ったら自分の背後にあった。大げさでなく、ボールが消えるんです。この人はマジシャンなんだと本気で思い込んでいました ね」

ジョージは技術解説をしない。最初は何をやっているのか見当のつかない戸塚だったが、だんだん目が慣れ、じきに技を盗むことを覚えた。

また、ジョージのプレーには遊び心がふんだんに盛り込まれていた。ボール回しをするとき、戸塚は股を通され、しまったと頭に手をやった瞬間、素早く回り込まれ今度は背後から股を通される。そして、ジョージは愉快そうに笑うのだ。してやられた戸塚は屈辱を感じるよりも、発想の豊かさ、相手の隙を見逃さないしたたかさに驚くしかなかった。

ジョージのプレーはブラジルの草サッカー仕込みである。

都並や戸塚と同じ中学生だった頃、大人のチームから練習試合に来てみないかと誘われた。少年にとってこれは一種の勲章だ。自分のプレーが認められたのだと意気揚々グラウンドに出向いた。

ゲームが始まり、ジョージはいきなりゴールを決める。大人相手でも自分の技術とスピードは通用すると自信を深めた。さあ2点目を取るぞと動き出したときだ。右足に衝撃が走り、つんのめった。

一瞬、何が起こったのかわからなかったが、すぐに背後から足を蹴られたのだと理解する。ボールは遠くにあった。ポジション取りで足蹴にされた？　ただの練習試合で？　きっと何かの間違いだと振り返ると、蹴った張本人は素知らぬ顔をしていた。

「こういう世界なんだと思ったね。もう怖くて目を見られない。ボールも受けに行けない。何もできない。すっかりビビっちゃったんですよ。あのときは俺のせいでチームが負けました。同じようなことが何度かあったね。そのうち自分で身の守り方を覚えたんです」

そんなジョージの口ぐせは「真剣に遊べ」である。子どもを軽々しく見下ろし、手を抜くなどは言語道断。無駄にテクニックをひけらかし、ボールを失ったり、ゴールを外すことを何より嫌った。

「中途半端に相手をして誰が喜びますか。大人が真剣に向き合い、ボールを奪い合うことに意味がある。ときに本気の大人を負かすからこそ、子どもは最高にうれしいんです。ブラジルみたいなことをする必要はないですよ。でも、遊んでやってるよという態度はいけない。そんなの子どものためになりません」

のちに戸塚はこんな話を聞いている。

「日本に来てから都並や戸塚と会って、なんだブラジルと変わらないんだなと思ったね。サッカー小僧は地球の反対側にもちゃんといた。だけど、それから先はお前たちのようなどこまでも食い下がってくる子どもにはなかなか会えなかったよ。年を追うごとに数は減っていった。都並や戸塚は特別だったんだね」

やや寂しげに語ったジョージの回顧はふたりの密やかな誇りである。

戸塚哲也の秘密のノート

魅力的な大人たちとの出会いによって、都並と戸塚のランド通いはさらに加熱していった。

都並はサッカー熱が高じたあまり、父親にスパイクを燃やされた経験を持つ。

中学1年の頃、特に執着したのが2歳年上の尾崎加寿夫（元日本代表／ドイツで活躍）との勝負だった。その日、朝からぶっ続けで1対1を挑み、股を抜き、抜かれを繰り返しているうちに夕闇が辺りを包みだす。夜は祖母の誕生日会があり、5時までに帰ってくるように言い渡されていた。ところが、尾崎との1対1に没頭し、これをすっかり失念していた。

父親は烈火のごとく怒った。

「約束を守れないならサッカーをやめろ。どうせそれでメシなんて食えやしないんだ」

傍らで、家にあったスパイクがひとまとめにされ、煙を上げて燃えていた。

当時、そこまで練習してもクラブのジュニアユースが出場できる大会はなく、対外試合は練習試合に限られた。つまり、トレーニング以外に実質的な活動はない。そのため、ふたりは通学していた世田谷区立瀬田中のサッカー部として公式戦に出場している。

ともあれ、心は読売クラブの一員である。決められた練習は週2回だったが、ひまさえあれば毎日でも通った。来たら来たで邪険に扱われることはなく、誰かが練習相手を買って出てくれた。技術の違いをこれでもかと見せつける相手に己の全身全霊を懸けてぶつかり、日々上達を感じられるのがひたすら楽しかった。

往年の読売クラブにあった特有の気質について、都並はこう話した。

「ジュニアユースの頃から常に序列を気にしていた。誰が一番で、その次が誰。あいつを追い抜くために、自分は何が足りないのか。周囲に意識を尖らせていた」

都並たちの世代でトップの評価を受けていたのは戸塚だった。のちに戸塚は当時として史上最年少の18歳で華々しくトップデビューを飾っている。

ある日、都並が戸塚の家に遊びに行ったときのことだ。机の上に置いてあったノートを何の気なしにめくると、そこにはチームメイトのプレーの特徴が綿密に記されていた。

「ゾッとしましたよ。○○にはこういうクセがある。○○が右サイドに出たとき、このプレーには要注意。仲間のデータがびっしり書かれていた」

ノートを見たことは戸塚に言えなかった。とても冗談まじりに話せることではないと思ったのだ。

ノートの存在について、のちに戸塚はこう語っている。

「チームメイトへのライバル心もありますが、それより自分がより効率的にプレーするためですね。味方の特徴を知っておくことは大事なんですよ。人によって得意な形、不得意な形があり、それを知っておくことで自分のポジショニングや動き方が変わってくる。ピンポイントのクロスが蹴れる選手だったら迷わずゴール前に飛び込むけど、そうでもない選手だったら少しディフェンスのことも頭に入れておくといった具合です」

都並敏史の執念

一方、都並は学校の授業時間の合間、課題メモ作りに没頭する。〈今日のゲームでは、左サイドから中に切り込んで、右足インフロントのシュート3回。絶対やる〉と小さな紙に書き、パンツの中に忍ばせた。それをゲーム中にときどき取り出し、やり残しがないように努めた。どうにかして集団から抜きん出ようとするなら、オリジナルの策を練って対抗するしかなかった。

なぜ、それほどまでに執念を燃やしたのか。並外れた向上心があったのは当然として、チームから優秀と認められた選手には褒美があった。

「年にひとりかふたり、優秀選手に選ばれるとクラブハウスで大人と並んで食事ができたんです。いまでは育成組織の選手にも当たり前のように食事が出ますが、当時は考えられないこと。また、トップの選手のユニフォームや少しばかりの交通費がもらえることもありました。ほかの誰かが選ばれたときは、うらやましくてたまらなかった」

都並と戸塚は小田急線の読売ランド前駅で降り、いつもの緩やかな坂道を登っていく。途中、住宅街の中にある駄菓子屋『かしわや』で買い物をし、てくてく歩きながら今日はどんな一日になるだろうと胸を弾ませた。坂を登り切った先、そこはまさしくサッカー小僧の楽園である。なお『かしわや』に通う慣わしは後輩たちに引き継がれ、店内には歴代の名選手から志半ばでクラブを去った人々まで、数多くのサイン色紙や写真が飾られている。

引退を決意した!? 衝撃の〝スルーボール〟

読売クラブにおけるサッカーの真髄とは何か。小見はこう解き明かす。

「スルーボール（スルーパス）、ワンツー、ドリブル。この3つだけです。ワンツーとスルーボールは表裏一体。ワンツーを狙えばスルーボールが通り易くなり、スルーボールを狙えばワンツーが通り易くなる。スルーボールは職人芸みたいなもので、できない人にはできない。大人になって覚えたスルーボールはなんとなくわかる。さりげなさがないから。なかでもジョージが見せた1本のスルーボールが究極です。もう亡くなってしまったんだけど、昔、千葉進さんという人がいてね――」

ジョージがドリブルを仕掛け、相手を引きつける。千葉はパスを受ける準備をしていたが、ジョージは千葉のいた場所からだんだん遠ざかっていった。そこで、千葉は動きを止めてしまう。ジョージとは一度も目が合っておらず、自分の動きは視野に入っていないと思った。ところが、ジョージはヒールキックでディフェンダーの間を通し、走っていれば絶好の位置にボールを転がしてきた。千葉は呆然と立ちすくみ、ジョージはなんだそこに走ってないのかよと天を仰いだ。

試合後、千葉は釈然としない顔で話したそうだ。

「なあ小見、俺のほうがジョージより練習量は絶対に多いと思わねえ？」

小見が答える前に、横にいたジョージがあっけらかんと言う。

「おう、俺は遊びでしかサッカーやってないから。練習といってもゲームだけだよ」

千葉は少年時代から徹底的にしごかれ、ユース代表に入り、国士舘大に進んだエリートだった。ジョージとは同い年である。

「千葉さんが25歳で引退したのはひざを悪くしたのもあるんだけれど、引退に追い込んだ決め手はジョージのあのスルーパスだったと思うね。この年になるまで自分は何発も殴られて、吐くほど走らされてきたのに、どうしてこうも違うのか。自分との埋めがたい差を感じ取ってしまったんだ」

小見は当時を懐かしむように遠くに目をやり、小さく笑った。

指導者の道に進んだ千葉は１９８３年に読売クラブを日本リーグ初優勝に導き、その３年後、白血病に侵されこの世を去っている。

第2のサイクルに突入した読売クラブ

1976年、都並と戸塚がユースに昇格し、めきめき頭角を現してきた頃、土持は24歳の若さで現役を引退する。体調不良が長引き、十二指腸潰瘍の手術が決定打となった。引退後は工業高校で学んだ技術を生かし、設計士を職業とした。土持がスパイクを静かに置いた翌年、読売クラブは日本リーグの入れ替え戦でトヨタに勝利し、1部昇格を果たしている。

同年4月、土持と入れ替わるように読売クラブに加入したのが、ジョージからスカウトされて来日したルイ・ラモス（89年に日本国籍を取得し、ラモス瑠偉と改名）だった。体の細さから「えんぴつ」とあだ名されたブラジル人は、やがてジョージと並び立つほどの選手に成長を遂げる。以降、読売クラブではジョージとラモスのプレーが良し悪しを判別する基準となっていった。

代々受け継がれるヨミウリ流育成の基盤作り

小見が指導者らしきことを始めたのは28歳のときだ。まだ現役バリバリだったが、トップの監督である千葉からジュニアユースを見てほしいと頼まれる。「お前はまだ体が動く。プレーを見せてやればいいから」と言われ、それならできるだろうと引き受けた。

このときのジュニアユースには、中3に北澤豪（解説者）、中1に菊原志郎（ＪＦＡ）がいた。俊敏かつ機動力に溢れ、ボールに触りたがる北澤もいい選手だと感じたが、菊原は別格に映った。

「子どものくせにツボを持っていたんですよ。右45度の位置でボールを持つと、相手の寄せをくっとかわして、次の瞬間には左のサイドネットにシュートを突き刺していた。あそこで志郎にボールを持たせたら相手はお手上げだったね」

小見は千葉から細かい指示を受けておらず、奔放にやらせておいてもよかったのだが、自分なりに必要な指導を考える。最初に手をつけたのは守備の整備だった。

「試合で負けていたら世間が認めてくれない。まずは勝つために何をやるか。勝つために欠かせないテクニックの習得です。そこで、ボランチから後ろの考え方を少しずつ浸透させていくことから始めました。具体的には各年代にひとりずつ、センターバックかボランチにボスを作る。そいつにコントロールさせて、味方を動かすことを覚えさせた。味方を苦労させて自分は楽をしろとこっそり耳打ちしてね。それができるようになったら自分で奪いに行くことも覚えろと」

小見の定める守備の基本はマンツーマン。1対1の場面で各々がきちんと責任を持つことから始まる。これをまっとうして、その先が応用。ポジションが隣の選手との関係を密に、組み合わさってチーム戦術になるとした。

「子どもにはなるべくシンプルに伝えたほうがいい。たとえば、日本サッカー協会の戦術用語にファーストディフェンスというのがありますよね。一回目の守備って、要するに取られたらすぐ追えってことでしょ。横文字に言い換えて大人は満足かもしれないけど、子どもにはピンとこないんですよ。そういったことも含め、協会の作成するガイドラインは参考書として役立ちました。教科書ではなく、参考書ね。こっちはその反対をやったり、上をいけばいいのだから。単純な話、サッカーをやり続けている間は、どうやったら巧くなるか、どうしたら勝てるのか。突き詰めていくと、このふたつしかないんです。それを中学生が理解できるように言い続けた」

こうして読売クラブに選手が晩年を迎えて指導者となる循環が生まれる。彼らは身をもって知った言葉と技術を、そして生き方を受け渡していった。

ヘタな子を巧くする指導方針

一度はサッカーから離れた土持だったが、1988年に神奈川県でペレジーニョフットボールクラブを設立。1998年に東京ヴェルディが支部の制度を設け、相模原支部の代表に就任している。トップで活躍する河野広貴、2011年のトップ昇格が確実視される南は、相模原支部が本部のユースに送った土持の教え子だ。ふたりはアンダーカテゴリーの代表歴もあり、相模原支部がただの街クラブではないことを証明している。

「巧い奴は勝手に巧くなる。好きにやらせておけばいいんですわ。一緒にゲームをやって、ときどきスコーンと足を払って泣かせてやればいい。それより、ヘタな子がちょっとでも上手にプレーできたときの顔を知ってます？　にかっと本当にいい顔で笑うんです。もうサッカー大好きッとなっちゃう。ヘタな子を巧くする。それが自分の仕事だと思ってます。やたら厳しいばかりの指導者がいるけど、もっと子どもの気持ちを考えてケアしてやれよと思うね。ちょっとしたひと言で救われる子は必ずいるのに」

土持の指導方針はプロへの通行手形を持たせるようなものである。河野は切れ味鋭いドリブル、南は懐の深いボールキープとゴールに直結するアイデアが武器だ。ふたりには「絶対に自分の色をなくすなよ」との言葉をかけ送り出している。

指導者間で共有していたもの

一方、読売クラブに引き寄せられた変わり種の指導者もいる。

現在、柏レイソルのシニアマネージャーを務める竹本一彦だ。竹本は中学2年からサッカーを始めたが、全国大会とは無縁の学校であり、大学では同好会に所属した。つまり、高いレベルの選手経験がない。

竹本を導いたのは、読売クラブの礎を築いたひとりと知られる相川亮一(故人)である。相川はデットマール・クラマーに師事した、日本に数少ないFIFA公認コーチの資格の持ち主で、1974年から読売クラブと通訳兼コーチの契約を結んでいた。

中学時代、竹本は相川のコーチングに触れ、指導者を志すようになる。大学では神奈川県サッカー協会の仕事や母校のサッカー部のコーチを請け負っていた。

「読売クラブの試合はいつも見に行っていました。相川さんから事細かく聞いていて、既存の実業団に対する反体制的存在というのかな、ほかのチームの強化とはまったく違う難しい仕事だと話されていたんです。自分もそこで仕事をするのだと勝手に思い込んでいましたね」

大学4年の冬、同期は商社や生保に就職を決めるなか、竹本は就職活動をろくにしていなかった。教職も取っていない。読売クラブが頭の中心を占めていた。

竹本が飯田橋駅の公衆電話から相川に電話を入れると、とりあえず読売ランドの事務所まで来いとの返事だった。相川は「読売で仕事をさせてほしい」という竹本の希望を聞き入れ、事務局長に話を通してくれた。たまたま全国規模で行うプーマサッカー教室が始まったばかりで、人手不足だったのが幸いした。

給与は15万円×15ヵ月の1年契約。福利厚生はほぼなかったが、当時の大卒初任給の平均が約11万8000円だから悪い条件ではない。

竹本はプーマサッカー教室のほかに、ユースやジュニアユースのコーチをしながら本格的に指導者の道を歩み出していく。

そして1983年、竹本は読売サッカークラブ女子・ベレーザの初代専任監督（初代監督の相川はトップと兼任）となる。これと並行してジュニアユースの指導にも手腕を振るった。

「男子でも女子でも指導自体は変わらない。キャラクターの異なる選手を束ねていく難しさは同じです。あの頃はまだ読売のどのカテゴリーも日本一になっていなかったから、では最初に女子がトップに立ってやろうと」

プロ選手を育てるということについて、竹本はこう語る。

「指導者の仕事はタレントを発見し、導くことです。オリジナルのタレント性をどのポジションでどう開花させるかを見抜く。まして将来プロになるなら、得意なものがどうしても必要になります。技術はどの選手にも大切として、それプラス得点力か、アシストか、フィジカルか。大抵、指導者によって見方が異なるものですが、読売では何を大事にするかを共有できていたと思います。10番タイプや点の取れる選手を大事に、多少生意気でもピッチで違いを出せれば許していた。コーチ同士で集まっては、選手ごとにどのようなアドバイスを与えるか、どうチャレンジさせるかを話し合っていました」

年齢を一切問わない徹底した実力主義

竹本のような外からの血が注入され、異端と呼ばれた読売クラブはさらにその厚みを増していく。これまでの積み重ねが結実するのはすぐそこまで迫っていた。

「やはり独特だったと思いますね。読売の後を追っていくつものクラブが誕生したけれど、どことも一緒にならなかった。勝利を追求するクラブですよ。成り上がりだからね。成り上がっていくためには勝つしかない。どの年代にもプライドがあり、自分たちのプレーや考えていることはどこよりも勝るんだ。それをピッチで証明するんだ。そんな思いが多摩の山奥で沸々とたぎっていました」

1979年、戸塚が18歳と1日の若さでトップデビュー。日本サッカーリーグの最年少出場記録を樹立した。都並のデビューは戸塚から遅れること約1年、19歳でJSL（日本サッカーリーグ）のピッチに立っている。ふたりはともに19歳で日本代表に選出された。

1986年、菊原志郎が戸塚の最年少出場記録を塗り替える。16歳7ヵ月という驚異的な記録だった。

いまも十代のデビューや日本代表選出はそこそこニュースバリューがあるが、当時の読売クラブが周囲に与えた衝撃は現代の比ではない。ほかでは学生の選手登録すら考えられなかった時代だ。年齢を一切問わない徹底した実力主義。企業チームでは逆立ちしても真似できない、読売クラブの面目躍如だった。

戸塚は自身の成長の軌跡を振り返る。

「サッカーは習うものではなく、自分で考えてやるものだった。ただし、指導者から教わっていないというわけではないんですよ。その都度、ヒントを与えられ、テーマをもって練習するように仕向けられていた。結局、そうやって大人の手のひらの上で転がされていたような気がします」

誰も教えてくれない指導

思い出深いのは高校1年の夏合宿だった。指導者との個人面談があり、それぞれ当面の課題を示され、ディスカッションを行う。戸塚が言われたのは、ゲームをコントロールしろということだった。

チームメイトの部屋に戻ると、各自が持ち帰った課題を巡り、大いに盛り上がっていた。

「おいテツヤ、お前は何を言われたんだ」

「ゲームをコントロールしろって言われたんだけど」

「なんだそりゃ」

「意味がわからない。何をどうすればいいんだ」

誰も有効な回答を出すことなく、その場はお開きとなった。

しばらくして戸塚は言葉の意味を探り当てる。自分がボールをつなぎだしたら遅攻。スピードアップしたら速攻。ゲームの状況を見極め、適切な判断を下すことによって戦い方にメリハリをつけろというメッセージだった。

読売クラブの指導は万事この調子だった。ドリブルの抜き方やスルーパスの出し方は誰も教えてくれない。目を皿のようにジョージやラモスのプレーを見つめ、自分で考えたのち監督やコーチに質問し、さりげないアドバイスに耳を傾け、グラウンドで試行錯誤しているうちにこのタイミングだというのがわかってくる。

体に沁みつき、血肉化した技術は並大抵のことでは揺らがない。プレースタイルを支える基軸となり、相手を打ち破る武器となった。

読売クラブはそういった強烈な個が寄り集まったチームだった。

第2章　日常

——選手、指導者たちが集う何か——

ヴェルディの選手だけが持つ何か

土日のランドは賑やかだ。育成組織の公式戦や練習試合が組まれ、見慣れないユニフォームを着た選手たちがあたりを歩き、父兄らがベンチに陣取る。

２０１１年7月17日、東京ヴェルディユースはトレーニングマッチを行った。相手は千葉県社会人リーグ１部の浦安ジュニアサッカークラブ（ＪＳＣ）。監督の斎藤芳行は読売クラブのＯＢで、ベガルタ仙台や横浜ＦＣでコーチの経験がある。２０１０年は東京ヴェルディジュニアの監督を務めた。

私は浦安ＪＳＣの10番の動きを目で追っていた。中盤の左サイドに位置し、前線にラストパスを供給する攻撃的ミッドフィルダーだ。ボールを受け、さばき、ポジションを移動し、またボールを受け、パスを散らす。機を見てワンツーを仕掛け局面の打開を図るが、ディフェンダーの足に引っ掛かる。欲しいタイミングでなかなかボールに触れず、次第に守備に回ることが多くなっていった。

清水康也という。Ｊ２通算67試合3得点のキャリアを持ち、２０１１年シーズンから将来のＪリーグ参入を目指す浦安ＪＳＣに加入した。浦安ＪＳＣにとって前例のないプロ契約選手だ。しかし、純然たるプロとは違う。契約には育成組織のコーチとしての仕事も含まれる。後半35分。清水は足の痛みを訴え、ピッチから退いた。2年前にメスを入れた左足のアキレス腱は回復に向かっているが、右足首にも故障を抱えている。

40分ハーフのゲームは東京ヴェルディユースの完勝だった。

清水は重い荷物を車の後ろに積み込み、エンジンをかけながら言う。

「強いですね、ヴェルディユースは。やっぱ巧いわ」

口調には達観した響きがあった。東京ヴェルディユースは昨年の天皇杯東京都代表になっているように、その実力は都道府県の社会人チームをしのぐが、高校生相手に完敗の結果は堪えるだろう。

昨年まで、清水は東京ヴェルディに在籍していた。選手と普及育成コーチの二足のわらじを履く、過酷な日々だった。

今日対戦したユースの選手たちは清水の後輩だ。3歳からランドに通い始め、ヴェルディユースでは10番を背負った。そのことをはたして何人が知っていただろうか。

私は清水に訊ねた。

――自分たちの頃と比較して、どんな印象？

「共通しているのは、蹴らないこと。俺らも蹴っていたらプロになれないぞと言われていた。あとは巧さ。技術をベースに、ひとつのプレーにこだわりを持っている」

――違いを感じるのは？

「攻撃に関しては大人のサッカーですね。個人の崩しと戦術的な部分が合わさって、どうやったらチームが勝てるかを考えてプレーしている。個人能力だけなら自分たちの代のほうが上だと思います。でも、それぞれが好き勝手にやっていたから勝てなかった」

――ヴェルディの14番の選手。あの子が小学生だった頃、一緒にボールを蹴ったそうですが憶えていますか？もっとも彼のほうは小さかったから忘れているみたいですが。

「いや、それがさっぱり。（中島）翔哉のことですよね。その話、都並さんから聞きました。ボール回しをやったり、いろいろ教えていたらしいけど。あいつ、いいですよ。何回もチャレンジする。ドリブルだけではなく、シュートの意識も強い。スピードもあるし」

当人たちが忘れてしまっていても、プレーには何かを残しているかもしれない。ヴェルディの選手だけに受け継がれていく何かを。

ランドに育まれた幸せな選手

最初、清水がランドを訪れたときは2歳上の兄のおまけだった。両親はともに教師だ。体育教師だった父親は、どうせなら一番レベルの高い指導が受けられるところがいいと読売クラブに息子たちを連れてきた。

サッカースクールは5歳からだったが、コーチから「入っておいで。一緒にやろう」と声をかけられた。以降、清水は4歳で5歳のチームに、5歳で6歳のチームに入り、サッカーの楽しさに目覚めていく。

「ヴェルディではいろいろな指導者にお世話になりました。（菊原）志郎さん、都並さん、キシさん（岸野靖之。現・横浜FC監督）、松田さん（岳夫。現・ガイナーレ鳥取監督）。このいいところは担当ではない人からも何かと気にかけられ、言葉を投げかけられるところ。本当にたくさんの方々からアドバイスをいただきました。振り返ると、ピンチのときに自分が最大限の努力をすれば、最後に誰かが手を差し伸べてくれる。僕のサッカー人生はそんな感じです」

ひとりの選手が成長していく過程には、さまざまな出会いと別れがある。指導者との巡り合わせによって、その先が大きく左右されるといっても過言ではない。

精一杯努力すれば、いつも誰かが自分を後押ししてくれた。

そう言える清水は幸せなサッカー選手なのだろう。

現役を続けるために

「サッカー部はもういいから。会社の仕事をやってくれ」

岸野靖之がそう告げられたのは、1980年、三菱重工サッカー部で4年目のシーズンを終えた直後だった。

岸野は和歌山の新宮商業高校から三菱自動車に入社。声を掛けたのは監督の横山謙三（元日本代表監督）である。しかし、4年間で公式戦の出場はただの1試合もなかった。まだ22歳で、プレーに差し障る故障も抱えていない。まだやれる、やめられないと思った。

企業サッカーが中心の時代、選手に移籍の自由はないも同然だった。会社に入り、お払い箱となったら仕事に専念する。ほとんどの選手があらかじめ決まった流れとして受け入れていた。

岸野は職場で後ろの席に座っていたチームメイトの尾崎加寿夫に打ち明ける。

「サッカー部を辞めることになった。だが、俺は現役を続けたい」

「読売クラブはどうですか。あそこは会社ではなくクラブだから誰でも入れます」

尾崎は読売クラブの相川亮一に連絡を入れ、事情を話した。相川の返事は、とりあえず練習に来てみろということだった。

当初、岸野は三菱自動車を退社するつもりはなく、サッカーだけ読売クラブに所属を移す考えだった。ところが、この希望は受け入れられない。

「ライバルチームの選手になぜ給料を払うのだ」

三菱側からすれば、もっともな理屈ではある。

岸野が読売クラブの練習に参加して10日が経った。最初の説明では1週間後に合否を伝えると聞いていたが、待てど暮らせど連絡がない。

相川に電話をかけ「どないなっとるんですか」と訊ねると、「いいよ、入って」とあっさり認められた。

そうして、岸野は読売クラブの一員となる。最初は、若手育成を目的とするジュニオールの練習に出る日々が続いた。

岸野は屈強なフィジカルが武器のセンターバックとして9年間プレーし、32歳になろうかということき戦力外通告を受ける。

自分のこだわりをグラウンドで見せつける

現役時代は将来のことを考えなかった。練習して上達したい。試合に出たい。ただそれだけである。いざ選手として先がないことを知らされ、頭に浮かんだのが指導者だった。

最初は練習の準備や試合運営を手伝うマネージャーを打診されたが、育成組織のコーチとして第一歩を踏み出す。初めて見ることになったジュニアユースには3年生に財前宣之、菅原智、藪田光教、2年生に佐伯直哉がいた。

「いま考えたらド素人ですよ。育てるという意識はなく、一緒にサッカーをして自分のこだわっているものを見せる。自分は巧い選手ではなかったから、チームが勝つための方法を大事にします。ボールを奪って相手が付いてこなかったら前に出る。取られたらどこまでも追いかける。心理戦では絶対に勝つ」

岸野がことさら厳しく指導したのは、独りよがりなプレーでチームに負担をかける選手だった。ドリブルで何人か抜いてチャンスを作るが、取られても追いかけない。そういったタイプは自他ともにテクニシャンと認める選手に多かった。

「巧い選手は許されることが多いんです。サッカーには当たり前のセオリーがある。ここは振り向かせない。ここは絶対に取られない。ここは相手に付いていく。そういった当然やるべきことができなくても許される傾向にあった。そのせいもあり、だいたい巧い奴は頑張れない。それでちょっと頑張れる奴に負ける。頑張れる巧い選手を育てたかった」

岸野の知る例外は、与那城ジョージとラモス瑠偉だけだった。ふたりは自分の特長を最大限に発揮する一方、ボールを失ったら後ろから足を刈ってでも取り返そうとした。

午前から午後にかけてトップの練習を手伝い、夕方以降はスクール、ジュニア、ジュニアユース、女子のベレーザやメニーナ（ベレーザの育成組織）の指導も買って出る。それこそ朝から晩までグラウンドにいた。

岸野は選手が望めばとことんまで付き合う指導者だった。

「一緒に汗を流した選手が試合で活躍して、『あのときの練習があったから試合でうまくいった』。そのひと言があるだけで、しんどかったことが全部吹っ飛びますね。いちいち自分のしたことがどう報われるとか考えないですけど、やはりうれしいもんです」

実地で学んでいったサッカーの捉え方

あるときジュニアの練習で、いつものように数人のコーチが入ったゲーム形式のトレーニングがあった。

岸野は持ち前のハードタックルで選手をはじき飛ばす。地べたに這いつくばる小学生を横目に、どうした坊主、取り返しに来ないのかという顔をしている。

その激しさを目の当たりにし、刺激を受ける駆け出しの指導者がいた。

松田岳夫という。

松田は川崎フロンターレの前身である富士通サッカー部の出身だ。ひとつ先輩にFC東京の監督を務めた城福浩、同期に京都サンガF.C.監督の大木武がいる。

松田は29歳で現役を退き、サラリーマン生活に入る。日本サッカーがプロ化に動き出した当初は富士通もそこに参画するのではないかと期待した。もしそうなれば、経験者が必要になり、自分にも声が掛かるかもしれない。だが、最終的に富士通は参加しないと表明した。

松田の中で指導者に転身し、再びサッカーの世界に戻りたいという希望が大きくなっていった。

総務での仕事が2年を過ぎようかという頃、松田はある人物を介して、読売クラブの竹本一彦と会っている。竹本はたまたま女子のベレーザのコーチを探していた。

女子の指導は想像もしなかったが、もとより選べる立場にない。松田は是非やらせてほしいと伝える。

1992年、指導者としての第一歩を踏み出した松田は、ベレーザでは竹本のサポートに入り、主に育成部門のメニーナの指導を任された。

「自分の指導キャリアは、メニーナのチビちゃんたちに教えたのが原点。彼女たちはもっと巧くなりたい、もっと教えてほしいと意欲的ですいすい吸収していく。日々成長する姿を見られるから、グラウンドへ行くのが楽しかったです。女子の場合、中学生が社会人チームの若手といい勝負をしたりする。このまま順調に伸びていったら日本一も夢ではないぞと思うほどでした。そういう、てっぺんが近いという面白さもありましたね」

仕事が終わったあとは毎日のように小見や竹本と呑みに行き、朝までコースも珍しくなかった。そこでも話題の中心はサッカーである。

「意見を交わすというより、小見さんたちの話に耳を傾ける時間が長かったです。常々感じていたのは、サッカーの捉え方の違い。自分が正面から見ていたとしたら、小見さんは背面や斜めなど多角度から見ていた。こんな見方があるのかと驚くばかりでした」

指導者が対等に楽しみ、選手の個性を引き出す

松田は、岸野をはじめ周りの指導者のスタイルを観察し、自分には何ができるだろうかと考える。選手をどう刺激し、成長を促していけるのか。

現役時代の松田は、富士通では異色の、技術のある選手だった。自然、スタイルのベースはそれを生かしたものになる。

「巧さを魅せるという感覚ではないですね。とにかくチンチンにして、選手にちくしょうと思わせる。股を抜いておちょくり、取りに来いよと誘って逆を取る。ミニゲームでも絶対に負けない。こてんぱんにやっつけてやった」

また、ジュニアユースを担当したときはこんなことがあった。選手と一緒にミニゲームをやって、あくびが出るほどの退屈を味わう。スピードとパワー一辺倒で、技巧や遊び心というものが一切ない。ゴールの間をボールが行き来するばかりで、パスすらなかなか回ってこなかった。そのシーズンの目標は選手たちとミニゲームをやり、自分が楽しめるようになる

こととした。サッカーはフィジカルも重要な要素だが、それだけではないというのを教えたかった。

「指導とは、選手との駆け引きだと思っています。こちらがあの手この手を使い、選手の持っているものを出させる。そのために必要なら、褒め、怒り、わざとグサッと刺すような嫌みも言った」

あるとき、松田はふと気づく。体は年相応に衰えたが、きっと現役時代よりもサッカーが巧くなっている。若い頃からいまのように考えながらプレーしていたら、一体自分はどんな選手になっていただろうとも思った。

2時間にも及ぶ〝喧嘩〟

松田が初めてジュニアを指導したときのことだ。

コーチ陣が加わったミニゲームで、大人と上手に絡んでくる6年生がいた。清水康也と富澤清太郎である。

「ふたりとも技術がしっかりしていて、カンペー（富澤）は前に出てくるタイプで、やりたがり屋さん。康也は自分が最初に見たサッカー小僧です。体がちっちゃくてね。ドリブルで抜いても足が遅いからすぐ追いつかれて、もう一度抜いて。それを繰り返していた。すぐにカッカする子たちで、股を抜いてからかってやると顔を真っ赤にして向かってきたものです」

岸野にとってもふたりは印象深い選手である。

「あれはユースの頃ですね。練習が終わって、いつもふたりは居残り練習で1対1をやっていた。そこらにある1対1じゃないですよ。足をボコボコ蹴り合っとるんです。体をぶつけ合い、抜いたり抜かれたりを1時間から2時間くらいやっていたと思います。あれはほとんど喧嘩やったなァ」

ミニゴールをふたつ置き、得点と認められるのはサイドネットのみ。球際の争いでは蹴りが入り、顔にパンチが入り、頭突きもありだった。シュートを打とうとして、ファールであろうと止められたらおしまいである。完全に相手の逆を取ってシュートまで持ち込まなければ、得点は難しい。ふたりの1対1はそういった特殊な取り決めのもとに行われていた。

居残り練習が終われば、南武線の稲田堤駅まで一緒に帰る。熱くなった気持ちが冷めず、相手を口をきかないことも度々あった。別れ際、その日の勝者は勝ち誇った笑みを浮かべ、相手をからかっていく。敗者はそっぽを向くしかない。次の日、顔を合わせれば昨日あったことは忘れ、仲のよい友人に戻っていた。

清水はめったに音を上げない選手だった。負けん気が強く、疲労の色がどんなに濃くなろうがそれを顔に出さない。「どうや、バテたか」と岸野が声をかけても、「まだやれます」としか言わなかった。清水が泣きながら走っているのを岸野は何度か見ている。そのプレーからは、人一倍こだわりの強さが感じられた。

清水康也と富澤清太郎

富澤はピッチ外で岸野の手を焼かせた。高校の出席日数が足りず、このままのペースでは卒業できない状態となっていた。岸野が母親に事情を聞くと、夜は出歩いてばかりで、朝起こそうにも岩のように動かないという。

岸野が富澤の意思を確認すると、「卒業はしたい」と言った。そこで次の日の朝、岸野は自宅まで車で向かう。事前に電話を入れ、迎えに行くことは伝えてあった。

寝ぼけまなこの富澤が表に出ると、スーツにサングラスをかけたどう見ても堅気とは思えない男が立っている。岸野は富澤を後部座席に放り込み、学校まで連れて行くと担任教師の前に立たせた。

「卒業したいんやろ。先生に謝らんかッ」

そして、担任教師に念を押した。

「もし清太郎が遅刻をしたらすぐに連絡をください。俺はこいつを許しませんから」

この効果はテキメンで、富澤は無事に卒業している。

富澤と清水は小学4年から続く付き合いをこう振り返った。

「俺はちゃらちゃらしていたけれど、康也は真面目。気が合ったのは、サッカーに対する思いと根性かな。心の根っこで持っているものは一緒だったと思う」（富澤）

「性格はまったく違う。それなのに不思議とずっとつながっていますね。周りからは『ふたり組』とよく言われていました。ただ、あいつは体が大きかったし、能力も高かった。選手としては別格です。そもそも俺の場合はプロなんか目指せる選手ではなかったんですよ」（清水）

清水はサッカーを始めたのが周囲より早かったため、ボールコントロールには一日の長があった。だが、ジュニアユースに上がった頃には身体能力で差をつけられ、技術面のアドバンテージは消されていた。2年間ベンチに置かれ、3年生に上がる際は来年の構想外リストに入っていた。

「中3に上がる前、監督に呼ばれて通告されるんです。このままでは上げられない。あと1ヵ月の猶予だと。15人くらい呼ばれたかな。必死で練習して認めてもらいました。リストアップされた中で残れたのは自分を含め2人だけだった」

窮地を脱した清水だったが、1年後にはユース昇格の関門でまたもハネられそうになる。このときは県外の高校を勧められ、実際に見学まで済ませていた。しかし、ここで運が味方する。ジュニアユースの監督だった田口孝広がユースに持ち上がることになり、どうにか追放を免れた。

「ジュニアで教わった小川章さんやキシさんなど、何人かのコーチが推してくれたとあとで聞きました。ジュニアユースのときはこんな調子でしたから、うまくいかないと投げ出したくなって、親にサッカーを辞めたいと言ったこともあります。メンタルが弱かったですね。壁にぶち当たるとどう乗り越えていいかわからない。調子がよかったら頑張るけれど、不調のときは人のせいにして。ワンツーが返ってこないだけでやる気をなくす。攻撃ばかりで守備をしない。まるでチームのためにならないカスみたいな選手でした」

清水を変えた菊原との出会い

尊敬していたのは、9つ上の渡辺淳一だ。自分と同じように体は小さく、けれでも技術が抜群で、スピード感溢れるドリブル突破に心酔した。サテライトに呼ばれ、一緒にプレーしたときはまさに夢見心地だった。

そして、清水を変えたのは菊原志郎との出会いである。ユースでの2年目、監督に就任した菊原は清水に対し、中盤の選手のイロハから教えていった。

「誰よりも巧いんですよ。ボールを取られない。狙ったところに寸分の狂いなく蹴れる。こんな選手がいるんだと度肝を抜かれた。最初はボロカスに怒られてばかりでしたが、志郎さんの言うことを聞いてプレーすると実際にその通りになるから何も言い返せない。ボールの置きどころ、この場面はドリブル、ここはパス、状況判断の見本を示されて、それを実践しているうちにプレーの幅が格段に広がりました。ドリブルだけの選手だったのが、パスも出せて、守備もヘタなりにやるようになった」

当時のユースはハイレベルである。清水の同期は富澤のほかにヴァンフォーレ甲府でプレーする保坂一成。ひとつ上の代に東京ヴェルディの中軸を担う平本一樹、飯尾一慶、ガイナーレ鳥取の戸川健太、ヴィッセル神戸の相馬崇人がいる。

清水は帰宅後に菊原からのアドバイスをノートに書き、頭を整理する習慣を身につける。するど、高校2年の夏を過ぎたあたりから試合で使われるようになり、最後のシーズンは10番を渡された。

「ヴェルディの10番は特別ですから。中盤で技術をウリにする選手なら誰でも憧れます。うれしかったですね」

キャプテンの時に起きた不祥事

3年目の夏、富澤がトップ昇格の内定を早々と手にする一方、清水の進路はなかなか定まらなかった。一部に昇格を推す声もあったが、強化部はこの時点ではプロのレベルに達していないと判断した。

清水もJリーグで通用するという自信を持たなかった。両親はかねてより進学を望んでいた。「筑波大でサッカーを続けたい」と漠たる思いがあり、週1回の塾通いを続けていた。

同大の推薦入試には評定平均4・3という高いハードルが設けられていた。これをクリアして試験に臨んだが、結果は不合格。行き先がどこにもなくなった。

どうしたものかと途方に暮れていたところ、12月のJユースカップで国士舘大の大澤英雄監督の目に留まる。

「大澤先生は違う選手を目当てに来て、自分のことを評価してくれたそうです。クラブの誰かが裏で頼んでくれたのかもしれませんね。行き先がどこもなければ、ヴェルディのサテライトで練習生として続けるつもりでした」

以降、清水の目標は大学4年間で力をつけ、ヴェルディに帰ってくることになった。

体育会系特有の上下関係の厳しさは驚きだった。1年生は風呂場の使用禁止。原付バイクでの通学禁止。度々強いられた夜の正座。坊主の強制。こういった風習に馴染めないクラブ育ちの選手は少なくない。清水もほとほと参ったが、1学年上にユースの先輩だった相馬らがいて助けられた。

そして、国士舘大4年次は特別指定選手として東京ヴェルディに所属した。ここまではプラン通りである。だが、秋口になって獲得の予定はないと告げられる。清水はヴェルディに戻れるものだと信じ、他のクラブのセレクションなど対外的な活動をまったくしていなかった。

この苦境に大学の不祥事が追い討ちをかける。

〈国士舘大サッカー部員ら15人逮捕　少女にわいせつ容疑〉（２００４年12月１日　朝日新聞）

事件の発覚時、清水はサッカー部のキャプテンだった。自分は関与していなかったとはいえ、それで済まされる問題ではない。今度こそ完全に終わったな、と覚悟した。

「あれこそヴェルディの選手ですよ」

そこに、翌年からベガルタ仙台の監督就任が決まっていた都並敏史から救いの手が差し伸べられる。

「都並さんとは一度も同じチームでやっていないんです。それほど密な関係ではなかったんですが、声をかけていただいてプロへの道を開いてくれた」

当時、清水を獲得した理由を私が訊ねると、都並はこう話した。

「なぜヴェルディが獲らないのか。康也はサッカーを知っている。あれこそヴェルディの選手ですよ」

この背景にあったものは戸塚の話から見て取れた。

「都並は努力家ですからね。もがいてもがいて、成功と失敗を繰り返し、一歩ずつ歩みを進めてきた。ひとつ乗り越えたら次はこの壁、その次はこの壁といった具合に。だから壁にぶつかって足掻いている選手が可愛いんです。放っておけないんでしょう」

２００５年、ベガルタ仙台での1年目は16試合に出場したが、都並が監督を解任され、２年目は出場機会が激減する。そのシーズンが終わって、戦力外通告を受けた。

２００７年、サガン鳥栖に移籍。２年連続で20試合以上に出場していたが、２００９年に左足アキレス腱断裂の大けがを負った。手術を終え、しばらくはジョギングすらまともにできない日々が続いた。

その年の3月には父親を病気で亡くしていた。清水がサッカーを始めてから、ほぼすべての試合会場に父の姿があった。仙台まで車で4時間かけて通い、鳥栖にも応援に駆けつけていた。昔、ジュニアユースで壁にぶつかり「もうサッカーを辞めたい」と相談したときは、「お前の体は人より少し遅れて成長している。あきらめるなよ」と優しく諭してくれた。

失意の底にあった清水を救いだしたのはまたも都並だった。東京ヴェルディの強化部と監督の川勝良一に掛け合い、選手兼育成普及テクニカルコーチとして呼び寄せた。

２０１０年のシーズン開幕前、清水はこう語っている。

「ヴェルディに帰ってきて、毎日グラウンドに来るのが楽しい。幸せな気持ちです。選手として練習できる環境を作ってくれた川勝さんと都並さんに感謝しています。底辺からのスタートですけど、シーズンに一度は必ずチャンスが来る。そこで、自分のすべてを出し切りたい」

横には、その年からキャプテンの大役を仰せつかった富澤が座っていた。時折ちゃちゃを入れ、頼まれもしないのに清水のプレースタイルを紹介する。

「ワンツーとスルーパスは絶品です。めちゃくちゃ巧い。試合に出たら、きっとチームの力になってくれます」

しかし、チャンスはなかなか訪れなかった。トップの練習を終え、夕方からスクール生の指導をする毎日は予想を超えてハードだった。ここ数年悩まされた故障は癒えつつあったが、日々蓄積する疲労が抜けてくれない。

9月23日の徳島ヴォルティス戦は初のメンバー入りとなったが、出場はなかった。再びチャンスが訪れたのは、12月4日、最終節の水戸ホーリーホック戦だった。

89分、試合は３－１と東京ヴェルディがリードを奪っていた。

清水がタッチラインに歩み寄り、体を小刻みに動かしながら交代のタイミングを待つ。ボールがラインを割り、平本とハイタッチをかわした清水がついにピッチに入った。その様子を富澤が胸に込み上げる何かを堪えるようにじっと見ている。

「早く入って来いよと思ってました。一緒にピッチに立つのが目標だったから」（富澤）

出場時間はロスタイムを含めて4分ほど。清水がボールに触ったのは、右足のつま先でちょんと突いただけだった。

試合が終わって、都並は川勝に頭を下げた。最後の最後に清水を使ってくれたことへの礼である。川勝は横にいた清水をちらりと見て、「こいつ、頑張ってたもんな」とぶっきらぼうに言った。

ロッカールームから出てきた清水は晴れやかな表情を浮かべていた。

「タッチライン際に立ったときは、いろいろな人の顔が浮かびました。一緒にやってきた選手たち、スクールの子どもたち、みんな喜んでくれて本当にありがとうの言葉しかありません。多くの人に支えられて、これまでやってくることができた。ヴェルディは今季限りですので、トライアウトを受けに行きます。また選手としてやっていきたい気持ちが沸き上がってきた」

3歳から通い始めたクラブの、唯一のトップ出場試合がわずか4分で終わった。それも右足のつま先でボールに少し触れただけだ。

彼らの生きる世界の厳しさと一瞬の尊さを思う。

歳を重ね学んだ、憧れと現実

「小さい頃から康也とはずっと一緒にやっていくんだろうなと思っていた。遠回りしそうになったときでも、ギリで逆転するのはわかっていた。だから全然心配していなかったですね。自分もプロになると信じて疑っていなかった。どんなに遊びまわっても俺は絶対にプロになると」

自分はこうなるのだと信じる力。富澤清太郎のそれは際立っている。

清水はこれまで経験したことは自分を変えていくために必要だったと受け止めている。良かったことも悪かったことも、すべて大事だったと。だが、悔いがないわけではない。

「ヴェルディに戻ってきて河野を初めて見たとき、こいつはちょっとモノが違うなと思いました。巧さと速さ。どちらかに秀でる選手は珍しくないんですが、絶妙にミックスされていた。さらに人も使えますからね。俺は技術で生きてきた選手だからそこでは負ける気がしない。でも、あいつには負けたと思った。一緒にやってみたかったな。きっと自分の良さを出し、河野の良さも引き出せた。自分の力不足でそれができなかった。

俺を育ててくれたヴェルディへの憧れは変わりません。キラキラ輝いていてくれないと困ります。そこに自分がいられないのは本当に残念ですけど」

鳥栖では、自分が追求したいサッカーとチームのスタイルに大きなギャップがあり、苦しんだ。監督の岸野とは固い信頼関係で結ばれていたが、それとサッカーの中身はまた別である。

「自分が明らかに評価されていない。それを十分にわかりながらプレーしなければならないつらさですね。Ｊ２ではパワーや運動量などフィジカルの能力が重視され、攻撃も短くつなぐよりロングパスが多い。俺の持ち味は人を生かし、生かされることだから、そのサッカーにはまらなかったら並以下の選手になってしまう。キシさんのサッカーにピタッとはまる選手ではなかったということです。ただ、サッカーに対する考え方はかなり変わりました。何本もパスをつないで勝てないなら、縦に大きく蹴って勝てるほうがいい。昔はそんなことまったく思いませんでした。両方を学べたのはよかった」

今季、浦安JSCは千葉県1部リーグで優勝し、来季は関東リーグ2部に昇格する。目指すJリーグはまだまだ先だが、大きく前進した。キャプテンを務める都並智也は都並敏史の長男である。

「やっと自分を必要としてくれるクラブに巡り合えた。プロとして結果を出し、恩返しをしたい。以前は自分が活躍して、その上でチームが勝てばいいと思っていた。いまは自分が目立たなくても、チームの勝たせ方を知っている」

両足の故障と付き合っていくのは楽ではない。毎度、試合前には注射を打ってピッチに立つ。感覚は鈍るが、何千本何万本と出してきたパスだ。狙ったコースに通すのは体が覚えている。それでも全体的には頭で思い描くプレーにはほど遠く、大きな隔たりがある。試合が終わったあとは、情けなくて泣きたくなる。

一方で、幸せな悩みもある。

生まれて間もない長女の写真を見せ、率直な感想を求められた。

「どうですかね。男だったらどうでもいいんですけど、女の子だから心配。できれば奥さんにちゃんと似てほしい」

清水は色黒ですばしっこい動きから〝黒豹〟との異名をとった。

――奥さまのお顔は存じませんが、大丈夫じゃないですか。むしろ色白かも。

「そうかなあ。ちょっと自分に似ているような気がする。どうも気になっちゃって」

柔和な笑みを浮かべ、ケータイを閉じる。

親となった黒豹は人知れずピッチを走り続けている。

第3章　育成

――プロを育てる指導理論――

小学6年生が書いた〈ヴェルディへの決意〉

菅澤大我は机の一番上の引き出しに一通の手紙を収めている。

2005年に東京ヴェルディを離れ、名古屋グランパス、京都サンガF.C.の育成畑を渡り歩き、現在はジェフユナイテッド千葉U-18のコーチを務める。クラブが変わる度に机の中身を移動させてきたが、手紙は常に手近な引き出しの中にあった。

「なぜでしょうね。手元に置いておく必要は特にないんですけれど、大切なものに思えて、いつも引き出しの中にありました」

封筒には400字詰めの原稿用紙が1枚入っていた。タイトルは〈ヴェルディへの決意〉。そこだけ筆書きなのは気合いの表れに見えた。以下、ヴェルディに導いてくれたことへの感謝、サッカーに対する強い意気込みが綴られていた。決して達筆ではないが、力強い筆跡だった。

手紙の差出人を小林祐希という。当時、小学6年だった。

2011年、トップに昇格した小林は早くも中盤の底に定位置を確保しつつある。シュート力とパスセンスに優れるレフティだ。課題だった守備も飛躍的に進歩した。

小林については、Jリーグ初出場のときのコメントが強烈な印象として刻まれている。2010年3月11日、ギラヴァンツ北九州戦。小林は73分に途中出場し、東京ヴェルディは0－1で敗れた。

「途中から工夫もなく蹴るだけになってしまった。最後までつないで崩したかったです。つながせてほしかった。初出場だけど全然うれしくありません」

聞きようによってはチーム批判、監督批判と取られかねない。表情は強張り、頬が紅潮している。つまり、小林は腹を立てていた。プロの第一歩を踏み出した喜びはどこにも見つけられなかった。

森本貴幸がかけた言葉

翻って、手紙を書いた時期は、菅澤が監督を務める東京ヴェルディジュニアユースに翌年から入ることが決まったばかりだった。季節は秋だったと記憶している。練習後、「大我さん、これ」と突然手紙を渡された。

小林は、菅澤がどうしても獲得をこだわった選手のひとりだった。

「流れが変わりだしたのは2003年ぐらいかな。いや実際はもっと前からその兆候はあったのかもしれない。隣のFC東京をはじめ近隣のクラブが力をつけ、いい選手が集まりずらくなってきたんです。それまでは左うちわの殿様商売。うちでサッカーをやりたい選手が来てくれれば十分だった。手をこまねいているばかりでは状況が改善されそうになかったので、欲しい選手はこちらから出向いてスカウトしていくようにしました」

毎週月曜日、声をかけた小学6年の選手を集め、練習会の日を設けた。ヴェルディの指導を体験してもらい、ここでサッカーをしたいと思わせることが目的である。

東京での選手争奪戦は競争が激しい。地元の東京ヴェルディ、FC東京、県外の横浜F・マリノス、川崎フロンターレ、横浜FC、多少無理をすれば浦和レッズや柏レイソルまで通える範囲に入る。

逸材と思われる選手はどこも欲しい。当然、小林も他のクラブから勧誘されていた。特にFC東京が熱心で、6年間で必ずプロにするとまで約束していた。実際、ある時期まではFC東京が優勢だったと聞く。

菅澤は小林を獲得するために策を打つ。練習会の時間に教え子の森本貴幸がクラブハウスにいると知り、ひと肌脱いでくれと頼んだ。その頃の森本はJリーグ最年少得点記録を打ち立て、まさに一世を風靡するヒーローである。

「森本は器用なタイプではありませんから、アバウトに頼んでもうまくいかないだろうなと。やってほしいことを簡潔に指示して、最後にこう言ってほしいと頼みました」

了解と頷いた森本は小林に近寄り、パス練に付き合ってくれと誘った。そして、何度かボールが行き来したあと言ったのだ。

お前さ、いつかヴェルディのトップに上がって、俺にパスをくれよ――。

「憶えています。うれしかったというより、驚きのほうが強くて」と小林は振り返る。

印象的な出来事には違いないが、これが東京ヴェルディ入りの決め手というわけではなさそうだ。「大我さんの指導で気づかされることは多かった。この人は信じられる。付いて行こうと決めた」と小林は語っている。菅澤への手紙はその思いが形として届けられたものなのだろう。

高木善朗を即答させた菅澤の口説き文句

2011年6月、東京ヴェルディからオランダのFCユトレヒトに移籍した高木善朗も菅澤が口説き落とした選手だ。小学6年の夏、高木はなかなか解消しない膝の痛みに悩まされていた。そこで菅澤はクラブハウスに招いて治療を受けさせ、トレーナーとも相談の時間を与えた。同時に充実した施設を見せた。それらは高木にとって、初めて触れるプロの世界だった。

高木は横浜F・マリノスのスペシャルスクールに通っており、その流れでジュニアユースに上がることを希望していた。東京ヴェルディにはすでに1歳上の兄・俊幸（現・清水エスパルス）がいた。同じチームでは周りから兄弟セットと見られ、選手としてどちらが上なのかはっきりさせるのは難しい。年の近い兄は高木にとって目標であり、ライバルでもあった。そんな思いを抱える高木に「お前が成長できる場所はここだ。うちに来いよ」と菅澤は言った。

のちに高木はこう語っている。

「いま思えば、あれは大我さんがうまかった。ちょっと悩んでいるときにバシッと言われて、気がついたらよろしくお願いしますと返事をしていました。それ以外の返事ができる空気ではなかったんですよ」

また、小林や高木と同期の高野光司は、近頃はめったにお目にかかれない掘り出しものである。将来有望な選手は東京都トレセンの網に引っかかるものだが、高野はブロック選抜止まりの選手だった。高い身体能力と安定した技術、シュッとした立ち姿を見て、菅澤はすぐに獲得を決めた。

パーソナリティの派手な、極めてヨミウリらしい92年組

「まったく、あいつのために何度府中まで足を運んだことか」と苦笑まじりに語るのが、小林、高木たちより1学年下の杉本竜士だ。ひと目見て「あの突貫小僧いいじゃん」と思った。杉本が所属する府ロクサッカークラブの試合会場に赴き、まずは監督に丁重な挨拶。基本的に選手との接触は隠密行動である。菅澤の顔はサッカー関係者の間で売れているだけに、下手に動くとあとで何を言われるかわかったものではない。

そこで、ターゲットが現れるのを駐車場で待ち受け、呼び止めた杉本にアドバイスを送り、ときにはボールを持ってこさせて実技を披露する。そんなことを何度も繰り返した。もちろん、こうした行動は府ロクの監督に話を通している。

彼ら外部からジュニアユースに入る選手たちは少数で、メインはジュニアから昇格してく

る選手たちだ。昇格組もレベルが高く、菅澤に言わせると「パーソナリティの派手な勢いよく入ってきて、どちらがサッカーで黙らせるかを競う、極めてヨミウリらしい年になった。

「でも、彼らがジュニアユースに入って１年後、俺のほうがヴェルディを出ることにな しまった。せっかく来てくれたのに申し訳ないと思いましたよ。名古屋に行くときはそれだけが心残りでした」

結果、小林ら１９９２年生まれの選手たちから５人のトップ昇格組を出した。その上、大学を経由してプロ入りする選手も複数出現すると見られる。菅澤の眼力の確かさは証明されている。

何も持たない指導者

菅澤は読売クラブで育ち、指導者の道に入った。だが、現役引退後、ストレートにポジションが用意されたわけではない。ユースからトップには昇格できず、ＪＦＬ２部のＰＪＭフューチャーズのサテライトチームにいた。20歳で引退し、アパレル関係の仕事に就き、サッカーとの関わりといえばたまにフットサルで汗を流す程度であった。

きっかけを作ったのは恩師の小見幸隆である。別の世界で生きていた菅澤をスクールのコーチとして呼び戻した。

「スクールが終わったあとはジュニアやジュニアユースを手伝い、ユース、ベレーザの練習にも顔を出していました。ずっとサッカーができる。楽しいやと気楽にやっていた。あの頃は若かったから単純に体を動かしたい気持ちもありました。それまで指導者は考えたこともなかったですね。ヴェルディのような異質なチームで指導するのは、並大抵の技量では無理。第一線でやってきた選手が指導者になる。それが当たり前のことだと思っていました。選手歴のない竹本さんのような例もあるけれど、自分はあんなにインテリジェンスのある人間ではない」

ターニングポイントとなったのが、１９９９年の全日本少年サッカー大会（全少）だ。ランドに帰ってきて4年目、菅澤は唐突にジュニアの監督を任された。そして、11年ぶりの優勝を飾る。

「これで成功しなかったらおとなしく手を引こうと決めていました。これから元Ｊリーガーの肩書を引っ提げて、指導者になる人がわんさか出てくる。一方、何も持たない自分は指導力だけで勝負をしていかなければならない。戦っていくには武器が少なく、あまりにも不利だと思った。一流としてやっていくには才能がいる。才能があれば、結果は出るだろうと。今でも自分に飛び抜けた才能があるとは思っていませんけどね。俺もいい年だったから、見極めは必要だったんです」

独善的なプライド。肯定できない過去。

監督の立場になって愕然としたのは、ヴェルディというチームのウケの悪さだった。小学生の大会は長年サッカーに携わってきた地元の人々で運営されており、彼らは過去の指導者や選手の態度の悪さに業を煮やし、根っからのアンチとなっていた。

「ヨミウリ？　ヴェルディ？　ふざけんじゃねえという対応ですよ。自分たちが全員で頭を下げて挨拶しても、まったくの無視。これはまずいなと思い、米つきバッタよろしく挨拶して回ったものです。トップに勢いがあった昔は、それを支える反骨精神が間違った形で出ていた」

思えば、菅澤が選手の頃も挨拶をした記憶がなかった。「ンなもん必要ないでしょ、俺らは巧いんだから」と尖がっていた。読売クラブの連中はチャラチャラしていて礼儀がなってないと言われようが、サッカーでそれ以上の厳しさを求められていた。強烈な自負を盾に、周囲から白眼視されてもへっちゃらだった。

「でもね、結局残っていないんですよ。自分たちの代で日本代表はおろか、第一線でバリバリやる選手は誰ひとりとして出なかった。どこよりも強く、一番巧いと威張っていたのに。だったら、あの頃を肯定するわけにはいかない」

菅澤は選手たちにピッチ外での振る舞いに気をつけるように指導した。昔は人間性がどうのこうの言われたことはなかった。だが、過去の実績を踏まえると、その重要性を認めざるを得なかった。

選手の成長を促すパーソナリティの重要性

菅澤が率いた全少の優勝メンバーには、現在イタリアのノバーラで奮闘する森本の名前がある。菅澤との出会いはそこから1年前。ジュニアのセレクションに応募してきた１５０人の選手のひとりだった。

セレクションのミニゲームでは、攻めたい選手は自然と前へ、守りたい選手は後方に構える。すると、ゴール前から動こうとしないマッシュルームカットの少年がいた。少年はゴールを決めまくった。たかがミニゲーム、されどミニゲームである。菅澤はそこには理由があると考える。その次のハーフコートのゲームでも得点を重ねた。ゴールを決めることしか興味のない少年、10歳の森本だった。

「欠点はありました。走り方がバラバラで、姿勢も良くなかった。器用にボールを扱えるタイプでもない。種目がリフティングとドリブルだけだったら、落ちていたでしょうね。合格者は2、3人だったかな。彼はゴールによって救われた」

全少が終わったあと、配布されたデータに目を通していた菅澤はある項目に着目する。森本はシュートの決定率がずば抜けていたのだ。まだ海の物とも山の物ともつかない時期だったが、これは興味深い素材だと感じた。

思い返して、印象に残るシュートシーンがあった。小学生の段階では体幹がまだしっかりしていないはずだが、森本は難しい体勢からのシュートを体の軸がブレることなくゴールに突き刺した。

菅澤を中心とするストライカー育成プロジェクトがスタートしたのはそれからだ。

終着点であるゴールから逆算し、合理的にプレーするためのノウハウ。ゴール前の駆け引きで優位に立つには、ポジショニングと動き出しをどう工夫すればよいのか。押し込まれた展開を想定し、終盤のワンチャンスをものにするために、ゲーム中に散らす布石の打ち方。森本はさまざまな教えをスポンジのように吸収し、成長していった。

森本に対する周囲の注目度が高まるにつれ、メンタル面のバランスを崩すことがあった。小学6年のとき、テレビ番組の企画で「天才サッカー少年」と取り上げられ、急に過去にはない言動を見せるようになった。菅澤は育成年代におけるメディアの商業主義を問題視し、できれば断りたいと考えたが、希望を押し通せない大人の事情があった。

「それを最たる例に、一時的に持ち前の謙虚さを失いかけたことが何度かあります。チームメイトに対して偉そうな態度を取ったり、気が大きくなっていた。ひとりでサッカーができる気になっていたから、顔を踏んづけるようなことを言ってイチから叩き直した。その一件以降、増長することはありませんね。サッカーは個人競技ではないので、エゴイストを育てるつもりは毛頭なかった。本来、森本の良いところは、周りの選手の特長や美点をわかってあげられる感受性なんです。それを言葉にして伝えなくても、自然な態度で示すことができる。なかなか得難い性質なんですよ」

菅澤によると、選手を見る上で唯一絶対的なのはパーソナリティの部分だという。話してみれば、あと3年はスムーズにいってもそこで壁にぶつかるだろうな、いまは能力的に厳しくても伸びしろは相当ありそうだなど、大抵のことはわかる。どれほど技術があっても、メンタルに問題を抱える選手は成長を望むのが難しい。

「U-13やU-15といった、アンダーカテゴリーの日本代表にひょいっと選ばれてしまうと、そのあとが大変。精神的なバランスを崩す選手が多い。正直、そっとしておいてほしいと思うときもありますよ。選手によっては不必要なリスクを負うことになる」

セリエA初ゴールに結実した指導者たちの狙い

その後、森本の存在は多くの人々が知るところとなった。

2004年3月13日、シーズン開幕のジュビロ磐田戦でJリーグ最年少出場記録（15歳10ヵ月6日）を更新。5月5日のジェフユナイテッド市原戦で同最年少得点記録（15歳11ヵ月28日）を塗り替えた。監督のオズワルド・アルディレスは「今日はおとぎ話のような一日でした。彼は日本サッカーの宝です」と語った。さらに、9月のAFCユース選手権マレーシア大会に臨むU-19日本代表に飛び級で選出され、６試合1得点をマークした。

森本が中学校を卒業すらしていない15歳でトップデビューを果たし、一躍スターダムにのし上がっていく状況に、当時の菅澤は複雑な心境を明かしている。

「恵まれた環境でサッカーに集中できるのは素晴らしいことです。トップの先輩たちから多くのことを学べるのは間違いなく有意義な経験になる。反面、厳しい競争社会ですから、試合に出られる時間は計算できない。ユースなら個人のスキルアップにスポットをあてることができ、段階を踏みながらステップアップしていける。まだ教えていないことはたくさんありますから。森本の得点能力が通用する確信はあったんです。初得点のときも驚きはなかった。グラウンドで練習しているときに聞いて、あっそと思っただけ。きっと一発やってくれるだろうけど、一発屋で終わってほしくない。もし継続できなかったとき、15歳の選手がプレッシャーに耐えられるかどうか……」

やがて、その不安は的中した。センセーショナルなデビューを飾った２００４年はカップ戦を含めて24試合４得点。２００５年は21試合3得点に終わり、シーズン後半は故障の影響で出場機会が著しく減少した。

「今となっては森本もただの人だな」

そんな声がコーチングスタッフの中から聞こえてくる。同じクラブの人間がそんな言い方をするのかと菅澤は苛立ちを覚えた。

２００６年7月14日、イタリアのカターニャから正式オファーが届き、同23日には森本の期限付き移籍が決定する。森本の相談に乗っていた菅澤はまたも相反する気持ちの狭間で揺れていた。日本で堂々たる結果を残してから海外に歩を進めてほしいと思う一方、ゴールに特化した森本のプレースタイルがチームにフィットしない現実にもどかしさを感じていた。

「悪いことばかりが頭にチラつくんですね。屈強な相手とやり合って、ひどいケガをするかもしれない。海外に行ってバーンアウトする選手もいます。もっとも、あいつはバーンアウトするような繊細さは持ち合わせていないのだけど。俺って意外と心配性なんだなと思い知りましたよ。とりあえず、プリマヴェーラ（20歳以下の選手が参加できるリーグ戦）で試合に出られるなら、自力でどうにか切り開くだろうと送り出しました」

森本はセリエAでたくましく成長した。プリマヴェーラで得点を量産し、２００７年1月29日のセリエA・アタランタ戦で初出場初ゴールを決めた。

試合があったとき、菅澤は車で移動中だった。携帯電話が鳴り、ディスプレイの「発信者番号表示不可」にピンときて、路肩に駐車した。

「森本です。ゴール、決めました」

菅澤の中にこれまで経験したことがない喜びが湧き上がってきた。こんなにうれしい気持ちになるものかと自分で驚いたほどだ。

「そうか、良かったな」

森本のようなストライカーは、守備力の高いイタリアでこそ成長するというのが菅澤の持論だった。そこで、コーチングスタッフと協力しながらセリエAのビデオを編集し、お手本となるプレーを見せてきた。その頃は誰にとっても夢の世界だった。森本はユベントスのダヴィド・トレゼゲに強い憧れを抱いた。そして、イタリアへと渡った森本がついにゴールを叩き込んだのだ。夢が夢でなくなった瞬間だった。

当時、東京ヴェルディジュニアの監督だった大嶋康二（現・FCトッカーノ総監督）はこう語った。大嶋は小中時代の森本をよく知るひとりである。教え子からは〝ゴッツイ〟さんの愛称で親しまれる。

「ここぞという場面で点を決めてくれるのがモリでした。日本やイタリアでの初ゴールは、彼が見えないところで積み重ねてきた努力が報われたんだと思えてうれしかったですね。イタリアから帰国してヴェルディに来たときは、よく子どもたちと一緒にボールを蹴っています。たくさんゴールを決めて、満足そうに帰る。プレーに変な遊びがないからいいんです。テクニックをひけらかしてボールを失ったりせず、シュートを打つべきところでちゃんと打ってくれる。得点に直結する動きをシンプルに示してくれます」

「ヨミウリワールド」のその先へ導く選手育成

菅澤が率いていた頃の東京ヴェルディジュニアユースは、しばしばヴェルディらしくないと評された。確かに、パスワークで崩していくより、手数をかけずゴールに迫る戦い方が基軸となっていた。

「最初は遊びの要素を多くして、少しずつ現実的な部分を突き詰めていくのが一般的に知られているやり方。要するに、入り口を広げておいて、それを徐々に狭めていく方法です。逆に、狭いところから入って、広がりを持たせていくやり方もある。まずはゴールへの最短距離を覚えて、こういう場合はこんな攻め方もある、あんな攻め方もある、と選択肢を増やしていく。両方とも目的や行き着くところは同じなんですが、僕は後者の末広がりを選びます。サッカーの基本はいかに攻めて、いかに守るかというシンプルなもの。根本的な仕組みは早いうちに理解しておいたほうがいい」

　結果を残せば残すほど、そういった雑音は耳に入ってきた。釈然としない思いを抱えることはなかったのだろうか。

「ないですね。ヨミウリっぽさ、ヴェルディっぽさは何を指すのか。まず活字にはならない。感覚的なことに属します。でも、空気や雰囲気みたいなものは間違いなくあった。お世話になっているとき、原点回帰というキャッチフレーズを何度か聞きましたが、はたして一体何が変わったのだろうといつも思っていました。原点はそれぞれ違うんです」

　菅澤の原点は、小見や竹本の指導するサッカーだ。ショートスルーパス、ワンツー、ドリブルで割って入ったとき、あるいはシュートが入ったとき、「ナイス」とつぶやきが聞こえる。いいぞという雰囲気があった。それが基準だった。

　そのほか、逆を取る、ためを作るなどの小さな部分、ディテールを大事にするサッカーだった。それらはトップの選手が練習に入ってくれたときに学んだ。いまはゆっくりつなぐ、いまは速く攻める、ここは大きく蹴っていい、細部を楽しみながらパスをつなぎ、ボールを運んでいった。

「そんなキーワードの少ない指導で、選手が勝手に伸びていく。サッカーがこれだけ楽しめる。あらためて、味のある指導をしてくださって感謝しています。俺の場合は、小見さんや竹本さんが作ってくれたものをベースに、自分なりの解釈でアプローチしました。問題はさじ加減で、最初からバランスを意識しすぎると前進しないから、いったん逆に大きく傾けてから程よいところまで戻そうと。一見、後退に見えるかもしれませんが、それが大きな前進につながると信じた」

菅澤が新たな手法を求めたのには理由がある。なぜ、ランド育ちの選手が日本代表から遠ざかっているのか。ここでピカイチと認められる選手が移籍先で輝けないのか。これらは育成のコーチングスタッフが集まるミーティングでも何度か話し合われている。

「ヨミウリワールドで成功しても、ほかで成功できないのではつまらない。どこに行っても高い評価を得られる選手を育てることが大事なのではないかと」

ランドを経たものだけが持てる感覚

私は小見に訊ねた。あまたいる読売クラブOBの中で菅澤を引っ張った理由を。

「読売クラブのサッカーを誤解なく理解している人間だったから。ただ、こういう言い方をすると傷つけるかもしれないけど、彼は高いレベルの選手経験がないので最後のエッセンスは知らないんです。自分の知らないことを勉強とセンスで補い、言葉に変換して伝えている。大したものだよね」

菅澤はリアリストでもなければ、ロマンチストでもない。ただし、勝負には徹底してこだわる。「育成が目的なんだから、目の前の結果は重視しなくていいんだよ」などのセリフを吐く指導者には、どちらも絶対に負けるものかと闘志を燃やす。

事実、東京ヴェルディを離れたあと、２００８年の日本クラブユースサッカー選手権（U−15）で名古屋グランパスに育成年代の初タイトルをもたらし、次の京都サンガF.C.（U−18）では「森本の次に点を取る才能を感じた」という高校生の久保裕也にストライカーの肝となる部分を叩き込んだ。２０１１年シーズン、久保は高校３年生ながらトップチームで常時出場を果たし、23試合７ゴール（２０１１年９月末時点）と結果を出している。森本とはタイプが異なり、より多彩な得点の形を持つフォワードだ。

菅澤から発せられる言葉はエッジが利いている。攻撃的と言い換えてもいい。

「選手を育ててこその指導者ですよ。育成において大した実績がないのに口だけは立派な人。そういうのは評論家っていうんです」

「ヴェルディを離れたのは、育成に対する考え方がそれまでとは急激に変わったから。話を聞いても納得できるものではなかった」

「どこのJクラブもサラリーマン気質の指導者が少なくない。この人が教えるならこういう選手に育つだろうという特色が見えないんです。それでクビの心配がない高体連の先生に、代表選手の数は俺たちのほうが多いとか言われ、軽く扱われる。クラブの取り組みがどれだけ緻密なのか広く知らしめたい」

「多くの育成の指導者は肩身の狭い思いをしていますよ。育成の重要性や仕事の内容を認識する経営者が少ないせいで、常に上の顔色をうかがっている。もっと自由に活発にものを言い合える間柄を作っていくべき」

こういうことを平然と言い放つため、周囲との軋轢は避けられない。私にはプレッシャーを自家発電し、自らを駆り立てているように見える。

「洋服屋さんも好きだったから、指導者に向いていなかったらそっちで楽しく生きていこうと思っていた」というのは案外本音で、こうでもしないと安穏としがちな性格なのかもしれない。

「タイトルを獲ることや日本代表選手を出すことも喜びですけど、練習中の選手のちょっとした変化がうれしいんです。蹴ろうとしてやめたり、スルーパスを出したり、本当にわずかな変化。おっ、こいつも変わったんだなとうれしくなる。顔には出しませんけどね。それを見て、いつも静かに感動しています」

勝つことと、選手を育てること。ふたつの成功は天秤にのせて測り比べられるものではない。そうしたがるのは人間の営みはすべて数値化できると考える計量主義者だけだ。

最後に菅澤はぼそっとこんなことを言った。

「いつか、みんな年をとって、ボール回しをやるのが楽しみなんです。教え子たちも一緒にね。ランドで育った人間は年齢に関係なくきっと同じ感覚でやれると思う」

選手と指導者たちの距離の近さ

菅澤がランドを去り、ジュニアユースを引き継いだのが冨樫剛一（現・東京ヴェルディコーチ）である。年齢は冨樫が3つ上になる。

「やり方は両極端というくらい違いますね。野心の持ち方も違うし。僕は一緒にやってみたかったですよ。融合できたらどんなサッカーになっただろう」

冨樫が指導者になるまでの道のりを辿ってみたい。

読売クラブに入ったのは小学6年の終わりだった。それまでは陸上の先生に指導を受けていた。ある日、冨樫は先生が練習の合間にこそこそ見ている本の存在を知る。隙を見て表紙をのぞき見ると自分も持っているサッカーの教則本だった。そのときはショックを受けるというより、先生も勉強しているんだなとしか思わなかった。70年代から80年代にかけては、そういうのどかな時代であった。のちに冨樫が成人し、先生と酒を酌み交わす間柄となったとき「実はな、お前たちにサッカーの思考が超えられているのがわかって、すごく困っていたんだ」と告白されている。

そんな冨樫に、小見や竹本はサッカーの神様のように映った。

「練習が終わったあと、みんなでコーチ室に押しかけてサッカーの話をたくさんしてもらいました。聞きたいことが山ほどあったんです。1対1はどうやったら強くなるのか。先輩にこう言われたけど自分はこう思う。小見さんは何を聞いてもちゃんと答えが返ってくる。すごい人だなと。なかには言っている意味がわからないこともあったけれど、時間が経つにつれてだんだんピントが合ってきた」

自分だけが持つ武器を磨こうとする意識

ジュニアユースに上がった冨樫は練習がない日もランドに通った。グラウンドに行けば、誰かがいて対人練習ができるからだ。最初は1対1、ひとり増えて2対1、3人増えて3対3。そのうち小見が現れ、「ゲームやるぞ。取りっこしろ」と言われる。別名ジャン取り（ジャンケン取りっこ）。リーダー格の選手に、実力上位者から順に指名されていくシビアなチーム分けである。

「これ以上ない純然たるランキング。僕はヘタだったから、いつも最後まで残っていた。それが悔しくてね」

そこで、冨樫はやっていいプレーとやってはいけないプレーを学ぶ。技術では敵わないかわりに必死で体を張った。すると、次の回では1巡早く指名された。まだ残っている選手を見て、手応えを感じた。

「いまもジュニアユースでたまにやりますけどね。精神的にがっくりきてしまう選手が多くて難しいです。自分はビリなんだとショックを受けて、その時間何もできなくなる」

冨樫と同期の中村忠（現・東京ヴェルディユースコーチ）もこの環境で鍛えられた。

「中学生になったとき、読売クラブの練習に参加させてもらいました。ボールに触れないし、キープしてもすぐに奪い返される。一日で自分には無理だと思った」

中村の地元は西多摩の瑞穂町で、そこでは屈指の選手という自信があった。小学生のときに所属していたチームは東京都少年サッカー連盟が主催する「さわやか杯」で決勝に進出し、自分の年代のおおよそのレベルも掴んでいたつもりだった。

ところが、読売クラブではまったく歯が立たない。そこの誰よりも劣ることに驚き、失望は小さくなかった。未来像として思い描いたプロサッカー選手の夢が途端に色を失っていった。

当初は1週間の練習参加だったが、「もう1週来てみなさい」と小見から伝えられる。小見は守備力の高さを評価し、磨けば光りそうな素材として目をつけた。懸命にもがく姿を観察し、努力の才も見抜いたのかもしれない。後日、中村は晴れて読売クラブの一員となった。

「技術面のコンプレックスはいつまでもありました。とにかく、自分が得意とするプレー、1対1や運動量では負けないようにするだけで精一杯。僕らは平気でなんでも言い合っていたから、練習で1回でも抜かれるとすぐからかわれるんです。僕が言われやすいキャラクターだったせいもありますが、それでも悔しくて仕方がない。絶対に抜かせるものかと必死だった」

外に出て初めて痛感した柔軟性の大切さ

ジュニアユースの3年目、冨樫は試合に出たり出なかったりで、ユースの昇格はあきらめるように言われる。ある高校から勧誘があり、先生が自宅まで出張ってきた日はとうとう家に帰らなかった。小見にどうしても読売でやりたいと訴え、「ま、いいよ」とあっさり認められている。

「ユースに上がったときはセンターバックの5番手。ところが、意外と早く出場機会が訪れて、1年目から試合に出られたんです。その頃にあったユース選抜（ジュニオール、ユース、ジュニアユースの中から15人選ばれ、トップの合宿に参加する）にも入り、もしやプロが近づいているのかと。ところが、高3でトップとガチンコの試合をやったとき、10点取られて惨敗した上に、ブラジル人のミルトン・クルスから一度もボールを取れなかった。絶対にプロは無理だと思いました」

大学に進学するつもりだった冨樫に「俺が責任を取ってやるから上がってこい」と言った

コーチがいた。奥田卓良という。奥田は、冨樫をトップに引き上げた1990年に交通事故で他界している。

奥田の選手歴は浦和南→法政大学→読売クラブ。選手登録は1978年から10シーズンで、出場試合はリーグ通算39試合にとどまる。実績のわりに、関係者へのインタビューでよく名前の出る人物だった。コーチとしては面倒見がよく、ピッチ外の規律に大変厳しかったと聞く。

一方、中村もトップ昇格を勝ち取り、数人の先輩選手がクラブを去ることになった。送別会はクラブハウス近くの中華料理店で開かれた。追い出す者と追い出される者が同居する酷な場だ。

ついこの前までお世話になっていた人がクビになる。追い抜いた実感はなく、まだ手の届かないレベルにいるはずの選手の末路だった。

「1試合も出られずに辞めていく人がいる。自分も結果を出さなければ同じようになる。来年、変わっていなければ切られてしまうかもしれない。そういう世界なんだな、と初めて実感したときです」

冨樫と中村はランドでの思い出をまるで昨日あったことのように話す。特にトップの選手を熱っぽく見つめた記憶は細部にいたるまで非常に鮮明だ。ソックスを下ろした川勝良一に憧れ、加藤久の着古したジャージーをもらって憧れ、ほんの少し会話をしてなお憧れた。

1993年にJリーグが開幕し、中村はヴェルディ川崎の主力となり、日本代表にも選出された。一方、冨樫は出場機会を求めて、1995年横浜フリューゲルスに移籍。1997年、コンサドーレ札幌でユニフォームを脱いでいる。

冨樫は言う。

「あの頃はサブに日本代表がいる黄金期。そりゃ無理だよと自分で理由をつけて移籍したんです。移籍をすればどうにかなるという甘い考えでね。ラモスさん、カズさん、武田、ビスマルクといった日本トップレベルの攻撃陣と、自分は毎日やっている。ほかのクラブなら絶対にレギュラーを獲れると思った。でも、違った。フリューゲルスでレギュラーを張っている選手には、周りの信頼感を含めてそれなりの理由があったんです」

痛感したのは、環境の変化に適応できる柔軟性の大切さだった。周りが自分に合わせてくれるはずはなく、自らを変化させ、ストロングポイントを打ち出さなければならない。旧JFLのコンサドーレ札幌では、これまでより一段レベルが下がるなか、中心としてチームを機能させる難しさを味わった。

「選手として成功できなかったからこそ伝えられることがある。僕の場合は外に出たからこそ戻ってこられたと思っています。ずっとここにいたら、おそらく指導者として残れなかった」

新人監督が直面した育成の難しさ

2006年、冨樫が東京ヴェルディジュニアユースの監督に就任し、コーチは中村と丸山浩司(現・FCトレーロステクニカルディレクター)の陣容でスタートした。

冨樫が最初に驚いたのは、3年生が1年生の名前を知らないことだった。全体の縦割りでゲームをすることが少なかったと聞き、毎週月曜日はミニゲーム大会とした。指示したのは、3年は1年の面倒を見る。1・2年はどんどんチャレンジすることである。高木俊幸、高木善朗、小林祐希といった選手たちはコーチのチームに入れ、大人の感覚に合わせて伸ばそうと考えた。

「中3の俊幸の代は浸透しきれなかったんですが、その下の祐希や善朗の代は学年に関係なくかなりバチバチやり合うようになりましたね」

ミニゲームでは後ろでボールを回しながら、相手を片側におびき寄せたところでサイドを変え、一気にカウンター。また自陣に引きこもり、ほら取りに来いよと誘う。冨樫はそんなふうにしてサッカーの基本を教えた。

「昨年（2010年）の天皇杯東京都予選決勝、ユースが横川武蔵野FCを破った試合は痛快でした。ギリギリまでサイドチェンジせずに我慢して、ここぞというタイミングでカンッと変える。縦割りのミニゲームでやっていたことをそのまま大人相手にやっていた」

だが、チーム作りが順風満帆に進んだわけではない。そこには波風も立った。

「最初の春のキャンプだったかな。一度、チームを壊そうと決めていた。メンバーを読みあげたら『中盤はボックスですか？　それともダイヤモンド？』と訊かれて、そんな形ばかり気にしているのかと。わざと3バックにして対人の形になるようにした。そうしたら5試合で23失点もしちゃって」

キャンプ中は走らせまくった。選手たちは冨樫の横を通り過ぎる際、こいつなんだよという顔をしていた。

そして、選手との亀裂は夏のブラジル遠征で決定的となる。練習試合のあと、ひとりの不満が爆発し、宿舎で緊急ミーティングが開かれた。言いたいことがあるなら言え、と冨樫が水を向ける。

ある選手が、故障でコンディションが十分ではない選手が起用され、試合に負けたことを言った。それは確かに俺が悪かったと冨樫は詫びた。１００％の力でやれない奴はピッチに立つなと言い続けてきたからだ。

ほかにあるか、と冨樫が訊ねる。手を挙げたのは高木俊幸だった。

「トガさんは対人の練習しかしない。なぜチームとして勝つための練習をしてくれないんですか？」

「チームで勝とうとするのはもっと先でいい。もちろん負けていい試合はひとつもないけどな。プロでしっかり通用する選手を育てるのが俺の仕事だ。お前たちが10年、15年プレーするために、いま何をすべきなのかを考えてやっている。1対1に強くなければ局面を打開できない。ゴール前も崩せない。ディフェンスは4バックだろうが3バックだろうがやられる。だから、まずはそれをトレーニングする。1対1に強い個々がつながってグループになれば、もっと強くなると思わないか？　戦術的なトレーニングはユースに上がってからできる。プロになればいろいろな監督と仕事をする。それはできませんでは通用しないよ」

高木は冨樫の話を聞き、押し黙った。

これを契機に、雨降って地固まるとなったのだろうか。

「それが、俊幸の代は結果を出してあげられなかったんです。クラブユースはベスト8で負け、高円宮杯は予選で敗退。高円宮杯のときは1年生に別の大会があって、周りからは善朗とか何人か連れて行ったほうがいいよと言われたんですが、3年生だけで勝てると押し切って負けてしまった。やりようはあったので、申し訳なかったですね」

指導者の質は選手をどうモチベートするかで決まる

冨樫が育成の現場にもっと必要だと考えるのは、指導者から厳しい眼にさらされる環境だ。自身のユース時代、練習は緊張感が張り詰めていた。

少しでもさぼったら、小見はサングラスの向こうからしっかり見ていた。ワンタッチ多かったと思い、そろっと目線を上げると、川勝の眉毛がピクッと上がっていた。その度、やはり見られていたかと反省した。

「一番大切なのは、選手が100%の力で練習に取り組んでいるかどうか。どんなメニューでも全力でやってもらわないと指導者の自己満足に過ぎない。そのあたりはケツさん（川勝）と一緒に仕事をして考えがあらたまった部分です。選手が力を出し切る姿勢と、そうさせる指導者のシビアな眼。その環境さえあれば必ず選手は伸びる」
現在、冨樫はトップチームのコーチと、ジュニアユースの統括を兼務している。今年7月、東京ヴェルディジュニアユースは関東クラブユースサッカー選手権（U-15）のベスト16で敗れ、全国の切符を逃した。冨樫は選手たちにこう語りかけた。

お前ら、知ってるか？
いまのJリーグの選手が中学生だった頃、どのクラブでやっていたか。
ヴェルディにいた選手が一番多いんだぞ。
ガンバやサンフレッチェよりも多い。
つまり、一番プロに近いところにいるんだ。
目標はもっと先にあるだろ？
俺はここで育ったから知っている。
勝負に対して思いの強い奴がたくさんいた。
巧くなりたい奴らの集まりだった。

あいつには負けたくないと思ったか？
本当に１００％でサッカーをやったか？

第4章　凋落

——Jリーグ以降の忘れもの——

天才サッカー少年たちの系譜

かつてランドは首都圏で暮らすサッカー少年の一番星が目指す場所だった。幾多のタレントが集まり、さらに選び抜かれた者がプロへの階段を上がっていく。

そのなかでも特別だと認められる選手がいる。戸塚哲也、菊原志郎、山口貴之、財前宣之（現・ムアントンユナイテッド／タイ）。人によって評価が異なるのがサッカーの常だが、才能の豊かさ、輝きの強さにおいて選抜するとこの4人でほぼ異論は出まい。

そのひとり、山口について与那城ジョージはこう言った。

「あの人は天才です。努力もします。足は速くなかった。でも当たりは強かった。ドリブルも巧い。左右でシュートを打てる。チャンスを感じて行動できる。いつの間にかゴール前にいる。教えてできることではない。それは天才ですよ。ちょっと口が悪かったけどね。僕はとても好きな選手です」

ジョージは京都パープルサンガの監督時代、山口と仕事をしている。あとちょっと運があれば、と最後に付け足した。

「完璧な両利きであること。キックの正確さ、判断の速さ。数種類のキックを持ち、受け手に気を配ったパスを出せた。身体能力は4人のなかで最も低い。特に瞬発力で劣ったけれど、体のバランス感覚は非常に優れていた。だから、競り合いで転ばないし倒れない」

と評したのは小見だ。

山口は小学1年からサッカーを始め、中学1年の春に読売クラブユースB（現在のジュニアユース）に入った。以降、U-16日本代表をスタートに各年代の代表チームに選出され、アトランタ五輪アジア1次予選のメンバーに入っている（最終予選及び、本大会のメンバーからは外れた）。文句なしのスーパーエリートである。

1992年、トップに昇格。だが、分厚い選手層に阻まれ、メンバーに入ることさえ困難だった。1994年、山口はブラジルに渡った。1995年に帰国し、ブランメル仙台（現・ベガルタ仙台）、京都パープルサンガ、1998年にヴェルディ川崎に復帰。翌1999年は10番を背負っている。そのシーズンの途中、ヴィッセル神戸に移籍し、ガンバ大阪、再びヴィッセル神戸、ザスパ草津、サガン鳥栖と渡り歩いた。そして2008年、地元のFC町田ゼルビアでのプレーを最後に現役を引退した。

「(己の生ぬるさを)感じながらプレーしていた。」

2011年3月、山口はFCトッカーノ(東京都世田谷区の街クラブ)で本格的に指導者のキャリアを歩み始めた。仕事でパソコンを扱うのも初めてだ。改行はどのボタンを押すのか。小さい「お」はどう打つのか。デスクワークは初歩の初歩からスタートした。

平日の夕方、チームの練習が始まる前に話を聞かせてもらった。

――読売クラブに入った経緯は?

「FC町田のジュニアユースにいたんですが、発足して1年ぐらいで、決まった練習場もなかった。そこでコーチの方が読売クラブを受けてみたらと勧めてくれました」

――セレクション?

「ではないですね。セレクションは終わっていて、練習に行ったら小見さんが来てもいいよと」

――技術には自信がありましたか?

「ドリブルは小学生の頃から巧かった。キックは練習の成果です」

――どんなトレーニングを?

「壁当てです。グラウンドに早く来て、コンクリートの壁に向かってずっと蹴っていました。キック、トラップ、キック、ボレー。人の何倍も蹴ったと思います。それで両足を使えるようになった。プロになった選手にアンケートを取ると、一番よくやった練習が壁当てだそうですよ」

――クラブの子は最初に指導者の技量をはかるそうですね。巧い人だったらちゃんと話を聞くというような。

「ありましたね。ヘタな人は相手にしない。あそこはそういう選手が多いんじゃないかな」

――身体能力については？

「パワーがあるほうではないし、スピードもなかった。かといって、たくさん走れるわけでもない。それで中途半端で終わった。自分の場合は技術のおかげ。技術があったから長くやれた」

――育成の頃の指導者は？

「ジュニアユースは小見さんと竹本（一彦）さん。ユースになって鈴木武一さん、途中、松木（安太郎）さんになって、最後はまた小見さんでした。グラウンドにいるときは楽しかったですね。ゴール前の練習とゲーム、あとはボール回しだけ」

——当時を振り返ると？

「若いうちは自分のことしか考えていなかった。グラウンドでちゃんとプレーできればいい。オフ・ザ・ピッチに関しては何も言われなかった。でも、グラウンド外のことって、プレーに出るんですよ。指導者になって、特に大事にしているのは規律です。周りからは自分の頃とは真逆だなと言われます（笑）」

——いわゆる若気の至り？

「そうともいえますけど、ユースの頃はけっこうメチャクチャでしたよ。遠征に行って、旅館のメシを食べずにファミレスへ行ったり、街で女性に声をかけたり」

——よく見つかりませんでしたね。

「見つかることもありました。京都の大会で優勝して、土地の名産物を食べようと居酒屋にいたら対戦相手の高校の先生がいて」

——それはまずい。

「東京に戻ってから呼び出され、叱られました。それでもグラウンド10周の罰走。マイペースでのんびりと。いまだったら大変な問題になりますよね」

——規律についてうるさく言う指導者は？

「亡くなった奥田さんは厳しい人でした。バイクで通っている選手には、サッカー選手がそんなものに乗るなと。ラモスさんの事故（１９８１年、バイク事故で左足を複雑骨折）を知っているから」

――指導者から言われたことで印象に残っているのは？

「特に何かを強制された記憶もなく、自由にやらせてもらって、大事にしてもらったと思います。試合でほぼ勝負が決まったり、気分が乗らないときは、自分でもさぼっているとわかるんですが、試合は勝つ。そのクセはプロに入ってからも残っていました。感じながらプレーしていた。若いうちから習慣づけておかないとダメなんです」

――何かにつけ厳しく言われていたら。

「もっといい選手になれたとは思いますけど、自分をなくしていたかもしれない。正直、そこはわからないです。恨んでいるとかそういうのは一切ないですよ。サッカーはずっと好きだったし、楽しかった。ただ、僕は自分の経験を踏まえて、子どもたちには厳しく言っています」

――世界を意識することは？

「いまとは時代が違います。ワールドカップはテレビで観るものだった。ルールだって違った。ゴールキーパーがバックパスを手で取れたんですよ（1993年、FIFAルール改訂により禁止された）。あれでサッカーのスピードが格段に上がりました。16歳のとき、読売クラブがオランダの世界大会に出たことがありました。かなりの強豪が集まっていて、決勝はアヤックス。ゲームを支配されながら、カウンター2発で優勝したんです。僕は大会MVPに選ばれて。でも、海外に行きたいとはまったく思わなかった。読売クラブで試合に出たい。まずはそれが第一だった」

通知表の体育が「3」でもいい選手になれる。小見の哲学である。山口はまさしくそれを体現したプレーヤーだった。

ヨミウリ天才サッカー少年の系譜に名を連ね、期待値の高さからすれば、結果はそれに見合ったものではなかったかもしれない。が、後天的な技術で身を立て、17年のプロ生活を送ることもまた凡人には到底真似できないことだ。

選手として第一幕が終わり、次は指導者として第二幕が上がる。サッカーに生きる人の成果は最後までわからない。

ガンバ大阪ユースを刺激したピッチの中

西に眼を向ける。選手の育成において東の本丸が東京ヴェルディなら、西はガンバ大阪だ。サンフレッチェ広島も近年目覚ましい実績を上げているが、ガンバ大阪のほうが着手するのは早く、スケールの大きな選手を続々と輩出している。

ガンバ大阪の中軸を担う橋本英郎、二川孝広。また、国内の主要クラブで戦力として活躍する宮本恒靖（ヴィッセル神戸）、稲本潤一（川崎フロンターレ）、新井場徹（鹿島アントラーズ）、大黒将志（横浜F・マリノス）。さらに海外へと活躍の場を広げた家長昭博（RCDマジョルカ）、安田理大（フィテッセ）、宇佐美貴史（バイエルン・ミュンヘン）。ざっと挙げただけで、これだけの選手がいる。

日本屈指の育成力を誇るガンバ大阪、この礎を作った人物を上野山信行という。2009年、社団法人日本プロサッカーリーグに出向し、Jリーグ技術委員会委員長として多忙の身だ。

1986年、上野山はヤンマーで現役引退後、釜本邦茂のサッカー教室に携わっていた。

「小中一貫で選手を育てるクラブを作ろうと、1987年の7月に釜本FCを立ち上げて、それがG大阪の育成組織の原型になっています。最初、子どもに教えるとき『なんでこんな簡単なことができんのや』と、やたらイライラしてしまってね。嫁さんに『お父さん、子どもにそんなたくさんできるわけないやん』と諭されましたわ。それで、とりあえずは楽しませたったらええねんな、と気が楽になった」

1992年にガンバ大阪ユース（当時のチーム名は松下FC）を立ち上げ、そのときの1期生メンバーに宮本恒靖がいる。1年生だけのチームだったが、夏、河口湖畔で行われた全日本クラブユースサッカー選手権大会でいきなりの決勝進出。相手は大会4連覇中の読売ユースだった。決勝戦、ガンバ大阪ユースは善戦及ばず、0－1の敗戦を喫する。

「この年代でこんな選手がいてるんだと思いました。巧いし、汚い。ゴールを中心にプレーの判断があった。点差が開いたら、相手を焦らすようにじっくりボールを回していく。大人のサッカーをしていた」

試合後、上野山は読売ユース総監督の小見に訊ねた。

「面白いサッカーをしてはりますね。なんであんな選手が出てくるんですか？」

小見は読売クラブのサッカーが遊びの延長であること、昔の自分たちがそうだったことなどを話した。上野山にもプライドはあったが、それ以上にサッカーの見識を深めたい希求心が強く、これを超えたい気持ちになっていた。読売クラブのサッカーを噛み砕いて自分の中に取り込み、育成に生かせないようだったら吐き捨てればいい。

ヴェルディを反面教師に

実際、ガンバ大阪の育成組織を構築する上で、ヴェルディのサッカーはどの程度役立ったのだろうか。

「参考にしたのはピッチのなか全部です。育成年代の大会で見るたびに、技術、戦術、サッカーの中身をつぶさに研究した。盗めるものは盗めと。一方、ピッチ外は見習わなかった。中学生の選手がつばを吐く。審判に文句を言う。これではあかん。社会に出ていく子を育てているのにきちんと指導できていない。ヴェルディはここで止まるなと思った。確かに巧い。でもそこに慢心している。反省がない。謙虚さがない」

頑強なこだわりを感じさせる選手は何人もいた。中盤で自分がゲームを作る。ボールを持ったら必ずドリブルで仕掛ける。それらに惹かれる反面、プレー以外の言動は世間でささやかれる悪評通りであった。

上野山の話は続く。

「小見さんたちは日本のためを考えたのかな。読売クラブだけを、ヴェルディだけを見ていたんと違う？　サッカーは世界のスポーツだから、僕は世界に基準を置いた。ガンバが目標だとそこで止まって努力しなくなる。まずはレギュラーに定着し、代表に選ばれ、その先には世界がある。思考に広がりがなければ人は伸びない。もちろんいいところもたくさんあるけれど、ほかのクラブに移籍して評価されないのはそこが原因と違うかな。僕はＪリーグができたとき、これは日本社会を動かすことやと思った。アマチュアの時代は自分たちのため。Ｊクラブのユースやジュニアユースは社会を動かせる子を育てる。２００２年の日韓ワールドカップで稲本がゴールを決めましたよね。うわっ日本が動いてると思った。少しは自分が役に立てたかなとうれしかった」

大黒将志の例

鴨川幸司（ガンバ大阪ジュニアユース監督）にとって上野山は、摂津高校の先輩である。桃山学院大在学中から上野山の釜本サッカースクールを手伝い、その流れでガンバ大阪の育成コーチングスタッフに加わった。ジュニアユースの指導歴が長く、そのスペシャリストとして知られる。

「ヴェルディの印象は、ひとり一人がアイデアを持ち、ショートパスやコンビネーションで崩していく面白さ。ほかのクラブや中体連のチームとは異質やったと思います。ガンバも上野山さんがそれに近い方向性でやってました。でも、ヴェルディのほうが歴史が長く、選手の質や意識も高い。ふだんはチャラチャラしているらしいけど、試合では眼の色を変えて向かってくる。切り替えがすごいなと。初期は目標のひとつでしたね」

中学2年の森本を見たときは、「こんなんおんねや」と衝撃を受けた。ほかのチームでは10番を付けているようなタイプが左サイドバックを務めていたり、センターバックは体の大きさに似つかわしくないクレバーなプレーを見せていた。

菅澤や冨樫とは何度も対戦しており、よく見知っている。

「(菅澤)大我は選手に対して教え込みすぎとかよく言われるみたいですけど、形を教える前に1年から段階を踏んで個人の育成をやっていると思うけどね。個人がしっかり成長していないとチームとして成り立たへんでしょ。冨樫くんは選手にあえて考えさせてる。ふたりのやり方は全然違うけど、対戦して面白いですよ。こうやって勝つという哲学は共通してあるから。僕はね、選手たちに〝サッカー〟をしようと言います。楽しさ、厳しさ、喜び、駆け引き、そこに全部含まれている。ゴールから逆算して組み立てる、勝つためのプレーとは何か。そうであれば、ボールを失うわけにはいかない。パスをつないだほうが勝つ近道だからそうするんです」

鴨川は大黒将志を例に挙げ、選手の個性と成長の因果関係を語る。

ジュニア時代の大黒は三浦知良に憧れ、7人抜いてゴールを決めるようなドリブラーだった。ところが、ジュニアユースでは周りのフィジカルが向上し、なかなか抜けなくなっていた。それでも大黒はボールを持ち続けた。鴨川がパスの選択肢を示すと、「なんでパスせなあかんねん」とチームメイトにこぼした。

「あいつは頑固者ですからそれ以外にもいろいろあって、何度か帰らせたことがあります。それで友だちに『なんで帰らされたんやろ。俺、反攻的なこと言ってないのに』と話していたみたいで。厳しく言うと、めっちゃだるい顔するんですよ（笑）。あれは変わってた。だから面白い」

サッカー選手としての絶対的資質

大黒が劇的に変わったのは、西村昭宏（現・ＪＦＡ特任理事）がオフ・ザ・ボールの動きを指導してからだという。そこからシンプルにはたいて、オフの動きで勝負する選手になっていった。

「自分のこだわりを持っているから、影響を受けて変身できた。逆に、何でも簡単にコロコロ変わってしまう選手は、自力で本当に必要なことに気づく力が養われない。難しいところですね。ヴェルディの選手は大黒みたいに我の強い、個性的な子が多い気がします」

選手が何を受け入れ、何を寄せ付けまいとするのか。投げかける言葉やタイミングにもよるだろうが、プライドのくすぐり方が肝要と思われる。

最近の育成事情については、東西で大差ないようだ。

「やんちゃ坊主がおらんようになったね。ミチ（安田理大）や宇佐美みたいなガキ大将をなかなか見ない。聞くところによるとブラジルもストリートサッカーをやる子が少なくなって、多少似た傾向があるそうです。また、いい素材だからといって順調に伸びるとは限らない。天才的な奴いましたよ。素材としては宇佐美より上でした。でもね、メンタルに問題があって、ほかの道に行っています。反攻的なのはいいけど、練習に来ない子は難しい。やはり、ほかの何よりもサッカーが好きなのが絶対的資質です。指導者はサッカーの楽しさを最大限に伝えられる人間でなければ。心底そう思いますわ」

天賦の才を持っていたのにサッカーで大成することなく、離れていった。育成年代の指導者は誰しもその種の疵を抱えるといっていい。

大人は子どもの感情をどうコントロールするのか

松田岳夫はこんな話を聞かせてくれた。

「とんでもない才能を持ったワルがいてね。学校で派手な暴力沙汰を起こしたり、感情をコントロールできずチームメイトにぶつけたりしていた」

松田はその選手と話し合い、小見とも相談し、何度も許した。そこが改善されれば、さまざまな問題がクリアになると期待した。放り出すにはあまりに惜しい逸材だった。

面と向かい、相手の顔を見ているとわかるのだ。反省の態度はポーズではなく、あらためようという気持ちはきっと本物である。と同時に、抑えようとしてもその瞬間は抑えられないんだなと感じた。しばらくして、その選手はサッカーから離れていった。

——経験を積んだいまの自分だったらどうにかできたと思いますか？

「……難しいと思います」

――感情量の多さは決してマイナスだけではないですよね。特に勝負の懸かった場では。

「そうですね。むしろ、自分の見た中学生の多くは感情の起伏がなだらかで、勝っても喜ばない、負けても悔しがらない子が見受けられました。父兄向けのガイダンスではプレーの上達に関わる大事なことですから、自分から表現できるようにご家庭でも協力をお願いしますとよく話しています。ひとつの結論としては、感情が豊かな子ほど曲がったほうに行きやすい。だが、そっちに行かなければ、かなり上まで伸びていくというのは思いました。そこは紙一重です」

育成の成果をトップに繋げられず

２０１１年、東京ヴェルディはＪ２の舞台で戦っている。凋落にいたった過程は複雑で、いくつかの要因が絡んでのことだが、育成組織をうまく活用できなかったのは主因のひとつに挙げられる。

２００１年　富澤清太郎　羽山拓巳＊
２００２年　柳沢将之＊
２００３年　相馬崇人＊　根占真伍
２００４年　一柳夢吾※　小野雄平　戸川健太＊　森本貴幸
２００５年　――
２００６年　喜山康平　弦巻健人※　三原直樹
２００７年　エルサムニー・オサマ
２００８年　河野広貴※
２００９年　富所悠　和田拓也　林陵平＊
２０１０年　高木俊幸※　高橋祥平※
２０１１年　小林祐希※　高木善朗※　高野光司　キローラン木鈴　キローラン菜入
＊ユースから大学を経て新加入
※前年Ｊデビュー済み

これは２００１年の東京移転後、ユースから昇格した選手の一覧である。

備考として、相馬は国士舘大4年次に加入し、プロ生活と並行して大学を卒業している。森本はジュニアユースからの昇格。2005年はトップ昇格ゼロだが、須藤右介が名古屋グランパスに、富田晋伍がベガルタ仙台に、志田健太がアルビレックス新潟シンガポールに加入している。彼らと同期の塗師亮はユース時代にゼロックススーパーカップに出場。早稲田大に進学し、2005年と2006年は特別指定選手としてリーグ戦に出場歴がある。

また、2011年シーズンジュビロ磐田に加入し、スタメンに定着している小林裕紀はオサマと同期。進学した明治大で大きく成長し、プロへの扉を開いた。最大の失策と言われるのが、根占と同期にあたる菅野孝憲の昇格を見送ったことだ。横浜FCに加入した菅野はルーキーイヤーから24試合に出場し、2008年柏レイソルに移籍。いまでは日本有数のゴールキーパーに数えられる。東京ヴェルディにとっては手痛い実例だが、育成の成功例として書き加えておく。なお、ユース→大学コースをたどり、他クラブを経由して東京ヴェルディに加入した選手については省いている。

親会社の経営撤退から始まった流れ

かつて強化の立場に身を置き、東京ヴェルディの変遷を知る人物がいる。加藤善之。2009年、JFLの松本山雅FCのゼネラルマネージャーに就任し、2011年シーズン途中から監督を務める。

1995年、加藤は31歳で現役を退き、強化部の仕事に携わるようになった。

「当時の社長、森下（源基）さんから早く引退してフロントに入れと言われていた。Jリーグがスタートして急激に組織が大きくなり、スタッフが足りない状況。特に強化を専門にやる人間が必要だった」

1998年秋、読売新聞が経営から撤退し、日本テレビから出向していた坂田信久が代表取締役社長に就く。翌1999年から読売クラブOBの李国秀を総監督に、ヴェルディ川崎の最後の2シーズンが始まった。

「いまから話すのはあくまで自分の見方です。2001年の東京移転に向け、坂田さんが旧読売クラブの匂いを消したがっていたというのは感じる。李さんは最初から2年限定の掃除屋だった。これとは矛盾するようだけど、また別の読売クラブを取り戻したかったんだと思う。2001年、東京初年度のコーチングスタッフ、トップの監督に松木さん、サテライト監督にジョージさん、ユース監督に都並さん。その3人を象徴的な存在として」

トップと育成組織の関係でいえば、李体制の2年間が分かれ目だったという。このとき加藤はトップの監督に川勝良一の招聘を進言している。

「川勝さんがユースを見ていた頃の選手、藪田（光教）や菅原（智）などがチームにいて、ユースには高3の平本や飯尾もいた。タレントはいたんです。彼ら若手を熟知する指揮官を立てることで流れを作れるはずだった。李さんが既存の戦力を整理し、自分の評価する選手を獲るのは監督として当然のこと。ただ、ここでいったん流れを切ってしまった。それが自分としてはしっくりこない。2005年のJ2降格の遠因にもなっている」

李は平本と飯尾をユースから引き上げ、積極的に起用していたが。

「選手人件費が抑えられていたから、そうせざるを得なかった。もっとも、李さんはあのふたりのことは買っていましたけどね」

1999年から小見は強化の責任者から外れ、唐井直（現・FC町田ゼルビアGM）がその役割を務めるようになった。加藤は唐井のサポートと育成部門を担当している。

「ユースから大学を経由してクラブに戻す流れを作ったのも川勝さんの仕事。1997年、筑波大に進んだ羽山がその走りです。トップに上げても出るチャンスがないから、それなら大学の育成環境を活用しようと。以降、柳沢、相馬、戸川などが続いた。こうした試みはヴェルディが他のクラブに先駆けて始めたことです」

では、2001年に東京ヴェルディ1969として再出発してからはどうなのか。

「育成から上がってきた選手は、能力はあっても本当の意味で鍛えられていない選手が多かった。しつけの部分で甘い。新しい血を入れるためには、人を代えていく必要があった」

それまでにない指導の意図

2005年、都並がベガルタ仙台の監督に就任しクラブを離れ、FC東京で指導経験のある柴田峡がユースの監督となった。現在、松本山雅FCのヘッドコーチを務める柴田はこう語る。

「ヴェルディらしさにこだわらず、好きにやってもらって構わないという話でした。自分に求められていたのは秩序と人間教育の部分。ヴェルディの選手は技術があるけどそれだけと言われるのを変えたかった」

柴田は選手をとことん走らせた。主眼は攻守の連続性を高めることに置かれていた。技術のある選手が攻守の連続性を高めたら何が起こるのか。それを見てみたかった。そして、ユース監督に就任した最初の年に、日本クラブユースサッカー選手権と高円宮杯の二冠を達成している。

柴田にしごかれた選手の代表格である河野広貴はこう語る。

「とにかく走りましたね。試合に負けて、ランドに帰ってきてからの走りがきつかったです。ひとり、またひとりと倒れて、みんな担架で運ばれて行くんですよ。途中から慣れましたけど、相模原から来た1年目はなんでこんなところに来ちゃったんだろうと思った」

現在、トップの主軸として活躍する河野の豊富な運動量を見ると、ユース時代に鍛えられたのは貴重な財産に見える。

また、柴田は通信制高校のウィザスをクラブに導入。育成組織の指導者が持ち回りで授業を担当し、単語テスト、ドキュメンタリー作品のディスカッション、社会奉仕活動などを行った。最終的には施設内に学校を作るという壮大な目標を掲げたが、クラブの経営危機の影響をもろに受け、その構想は萎んでしまう。

2009年末、柴田は東京ヴェルディを去る際、こんな言葉を残している。

「やはり、このクラブはここで育った指導者がやるべきクラブですよ」

これが気になっていた私はあらためて真意を訊ねた。

「多くの名選手が歴史に名を刻み、その選手たちが今度は若い世代にDNAをつなげていく。ヴェルディはそれが自然にできるクラブだという意味です。僕は足りない部分を補いに行っただけで、一時的な役割というのは最初からわかっていた。いままでやりたいことしかやらなかった選手が、やらなければならないことを少しはわかってくれたかな。そうだといいんですけど」

優位性と誇りが、いつしか内なる刃に

さて、東京ヴェルディが凋落していった理由を加藤はどう考えるのか。

「長い歴史の中で、親会社や社長の考えで現場の方向性がコロコロ変わりすぎた。せっかくこれだけタレントが育つ環境があるのだから、生かそうとする人がいなければ意味がない。継続性が途絶えた理由はそこに尽きる。5年後、10年後、安定したクラブを作るために、サイクルを作らなければいけない時期に作れなかった」

監督を決めるのは経営トップの仕事だった。強化部は交渉が可能と思われる選択肢を示し、リストの中から社長がチョイスする。そこでは指導者がどんな仕事を得意とするかより、過去の実績やステータスが優先された。それなりに名のある監督であれば、選定者の責任問題に発展しないらしい。「極端な話、モウリーニョでダメだったら誰も責めようがないでしょ」と加藤は言う。

「育成組織で育った選手がトップで活躍する。読売クラブの歴史を汲むヴェルディはそういうクラブです。ステージが1部だろうと2部だろうと関係ない。チームの露出がどうこうとか、そんなのは親会社の都合ですよ」

だが、選手の報酬やスタッフの給与はどこから出ていたのか。カネも出すが口も出す。元来、オーナーとはそういうものである。個人の葛藤や戦いはあったのだろう。だが結局、自前の稼ぎを上げられず、親会社から流れ込むカネに頼り切っていた。全体の構造の歪さは面倒だからと眼を背け、各々が目の前のことに集中していたようにしか私には見えなかった。無自覚に流されてきた日々のツケは、数年後クラブ消滅の危機という最悪の形でやってくる。

最後、私はこれまで会ってきた指導者に共通して訊ねてきたことを質問する。

——ヴェルディの指導者はそれぞれ独自のサッカー観を持っています。彼らの中心にあった、重なり合っていた部分は何だと思いますか?

「負けたくない。どんなサッカー人にも負けたくない。プレー、考え方、すべてにおいて自分たちの優位性を示すこと」

これと似たことは竹本が話しており、別の人から聞いたこともあった。このときまではサッカーに対する思いの強さ、情熱の類いだと受け取っていた。

ああ、そういうことだったのかと小さな塊が腹の底にすとんと落ちてくる。

初めは、切っ先が外だけに向けられていた。どこよりも先進的であることを誇り、勝つことで自分たちの力を証明してきた。誰もがそれ以外に周囲から認められる手段を持たなかった。何より、サッカーの〝基準〟がはっきりしていた。ジョージやラモスがプレーで示し、小見や竹本の反応から見て取ることもできた。

だが、外に向かって束ねられていた切っ先は知らず知らずのうちにバラける。そのうちのいくつかは外に向かわず内へと向けられた。

サッカー観のぶつかり合いで済んでいたのが、やがてサッカーを通した生き方の衝突に変わる。そうして、消耗し、すり減っていったのではないだろうか。

感覚的な部分と論理的な思考の融合

永田雅人にとって、同期の山口貴之や渡辺淳一は仰ぎ見るような存在だった。ああいう選手がプロでお金をもらってプレーをするんだろうなと思いながら見ていた。

試合のときは小見や竹本が座るベンチのそばで、ふたりの会話を聞いているのが好きだった。部屋に呼ばれてトランプをしたり、遊んでもらうこともあった。

いつから指導者を志したのか。永田は中学生の頃、遠征に向かう新幹線の中で竹本とした会話を憶えている。

「お前、将来は何になりたいんだ？」

「竹本さんみたいになりたいです」

いつからかコーチの目線でサッカーを見るようになっていた。

ユースではサブメンバーを取りまとめるようになり、Bチームはナガターズと呼ばれた。指揮官として真面目にメンバーを選び、「これじゃあ俺が出られないじゃん」と嘆くことがたびたびあったという。

永田は日体大に進学し、海外留学を経て、ランドに帰還する。そして2010年、指導者として11年を過ごした東京ヴェルディを離れ、ジェフユナイテッド千葉に移籍した。U－15コーチの仕事は2年目に入る。

――選手としてはいかがだったんですか？

「サブのサブみたいな選手。周りから自分の実力は教えられていました」

――現在の指導スタイルにつながるターニングポイントは？

「大学時代、オランダ遠征に行ったとき、向こうの協会がコーチを派遣してくれたんです。その方が有名になる前のヘンク・テン・カテ（2002～2006年、FCバルセロナのフランク・ライカールト監督のアシスタントとして評価を受けた）。日本とは指導の中身がこんなに違うのかとびっくりしました」

――具体的には？

「非常に論理的。3対2の状況でハーフウェイラインを通過するには、ポジショニングをどうすればいいのか。ワンタッチとツータッチで次のプレーにどう差が出るのか。パパッと示される。オランダリーグの試合を観戦したときは事前に両チームの戦術を説明し、『あなたたちは今日のゲームでどこが問題点になると思うか？』と訊かれたんです。それぞれ意見を言ってみると、『全員間違っている。私はボールがどこにあるかは言っていない。それがわからなければ答えられないはずだ』と」

――おお、とんちみたい（笑）

「みんな口をポカンと開けてしまって（笑）。重要なのは確かにそこなんですよ。それが指導の原点。読売クラブで学んだ感覚的なものと論理的なものを融合させたいと考えた」

――大学在学中もランドには出入りされていたそうですね。

「スクールのアルバイトで。ネルシーニョの練習をノートに書いたり、サテライトの練習に出させてもらったりしていました」

受け止めてもらった情熱の塊

卒業後、永田はドイツに渡る。本格的に欧州サッカーの勉強をしてみたいという思いが募り、行動に移した。１年後、イタリアへ。日体大の恩師である秋田浩一（現・駒澤大サッカー部監督）が欧州留学中でパルマにおり、プリマヴェーラの試合に同行できた。パルマにはサッカー部の海外遠征で一度訪れたことがあった。

そこで永田が見たのは、さらに細分化され突き詰められた指導だった。イタリア人はドイツ人より体のサイズが小さい。こちらのほうが日本の指導により多くのことを還元できそうだと拠点を移した。

住まいと働く場所を紹介してもらい、仕事の合間を縫ってパルマの練習に通う日々が始まった。使える言葉はボンジョルノ（こんにちは／良い一日を）のみ。部屋には電話も洗濯機もなく、車を買うことなど考えられない生活だ。月10万円の生活費を切り詰め、風邪をこじらせたときは薬を買えずに危うく死にかけた。それでも、片道８㎞の道のりを自転車をキコキコ鳴らして通い続けた。

３ヵ月の間、金網の外から練習を見た。言葉を覚えたら、交渉して中に入れてもらおうと企んでいた。ある日、パルマのスタッフが話しかけてきた。

「お前、よく来てるな」

「大学生の頃に一度来たことがあるんだ」

「そうか、じゃあ入れよ」

しめたと思った永田は、いそいそ服を着替え始める。いつ訪れるとも知れないチャンスに備え、トレーニング用のシャツとパンツを用意していた。声をかけたスタッフは「えっ、お前着替えるの？　グラウンドに入ってきちゃうの？」と驚いている。永田はしれっとした顔でズカズカ足を踏み入れていった。これをきっかけに中へ入れるようになり、永田のイタリア生活は一気に広がった。

ジャンルイジ・ブッフォンのウォーミングアップを初めて見たときの衝撃は忘れられない。ゴロのボールに飛びつく横っ跳びは凄まじく高速だった。そこで永田はブッフォンの育ての親として有名なエルメ・フルゴーニ（日本代表・川島永嗣の師匠としても知られる）と、プリマヴェーラの監督であるサンドロ・サルヴィオーニと出会う。サルヴィオーニは永田を食事に連れ出し、何かと気にかけてくれた。のちに、サルヴィオーニがセリエBのアンコーナを率いたとき、永田は練習場を訪れ、選手やスタッフにこう紹介された。

「こいつは雨の日も霧の日も練習に通ってきた。まさに情熱の塊だ。大切なのは、サッカーに対する熱い気持ちなんだ」

それからみんなが気軽に話しかけてくれるようになった。サルヴィオーニとフルゴーニとの交流は公私に渡り現在も続いている。

技術が習慣化したときに広がる未来

――イタリアの指導の特徴は？

「まずは守備の戦術の細かさ。ボールに対するひとりの立ち方から始まり、11人まで全部つながっています。それを崩すための攻撃の戦術も同様にロジカルです」

――個人の指導も大変細かいそうですね。

「ドリブルはどんなフォームで走れば左右がよく見えるか。パスを受けるとき、どのタイミングで逆サイドを見れば最新の情報を得られるか。手のブロックがどの位置だったら相手をはじき易いか」

――そこまで徹底しているんですか。

「ええ。ジグザグパスの練習では、出したら外に開く、もらうときは寄る。両肩は平行に、ボールが転がっているときに逆サイドを見ておく。パルマの少年たちはその一連の動作をすごい速さでやります。持てる技術をいかに効果的に発揮するか。それをトレーニングを重ねて習慣化する」

――帰国後、イタリアで学んだ指導理論をアレンジし、ヴェルディで実践されたそうですが、周りの反応はいかがでしたか？

「もしかすると読売クラブ時代の人からは教えすぎだと思われていたかもしれません。若さゆえにうまく調整できず、イタリアのやり方が強く出すぎた面はあったように思います。僕は他人の意見は気になるほうなので、助言をいただくたびに中間地点を探るようにしていました」

――それでも感覚と論理を融合させる基本的な方針は変えなかった。

「先ほど話したジグザグパスの動き。あれはやっていいことばかりなんですよ。だから、身につくまで絶対にやれと言います。そこだけを抜き出して見られたら、教えすぎのコーチと映るでしょうね。トレーニングによって感覚の域まで達したあと、どれだけ世界が広がるか。選手にはそれを知ってほしい。すべての選手が持ちうる能力を最大限に伸ばす。それが僕の考える育成の指導者の仕事です」

選手育成のベクトルを合わせられなかった大人たち

育成の指導者にとっての喜びは、手塩にかけて育てた選手が順調に成長し、プロの世界で輝くことである。また、サッカーから離れることになってもずっとサッカーを好きでいてほしい。それは切なる願いだ。

逆に、せっかくの素材が上につながらないことほど無念の思いに駆られることはない。ただでさえ生存競争の激しい世界で、指導者にも恵まれトップに到達できるのはほんのひと握りだ。永田は東京ヴェルディでの仕事を振り返って言う。

「それぞれの指導者が懸命に役割を果たしていたとは思うんですが……」

長い沈黙があった。

「ジュニアユースではのびのびプレーしていて、ユースではあれが足りないこれが足りないと評価されず、よそのチームに行ったり辞めるような状況になっていく選手が多かったのは残念でした。将来のプロとして、社会人として、ひとりの選手をどう伸ばしていくのか。そのプランをクラブ全体で共有できなかった。選手に心から関わって、コーチ同士も尊敬し合ってやっていける環境があれば、選手が醸すものも違ったでしょうし、クラブに還元するものもより大きかったでしょう。膨らませていける環境を作ってあげられなかったのが僕の反省点です。残念、残念と言っているだけでは何も変わらなかった。それが僕の実力でした」

大切なのは、ひとりの選手を心から思えるかどうか。厳しかろうが、優しかろうが、心がともなっていればメッセージは伝わる。「サッカーの見識は子どもを完全にぶっちぎっていないと指導者は務まらない」と語り、日夜世界のサッカーを追いかける日々だ。選手が成長し、新たなステージに足を踏み入れたとき、そこからはるか先まで続く道を指し示すのが自分の役目と考える。

「ヴェルディでは本当に多くのことを学び、重厚な伝統の中で仕事をさせてもらいました。契約更新のオファーもいただいたのですが、まったく知らない環境で自分に何ができるのか、チャレンジしてみたかったんです」

ひとりの選手の選択によって気づかされたこと

永田の眼にいまの東京ヴェルディはどう映るのだろう。

「サッカーにこだわり、質を高め、どれだけ楽しめるか。ヴェルディはそれを追求してきたクラブです。あのバルサと比べたって負けないくらいサッカーへのこだわりはあった。中心はきっと同じです。ところが、一方だけぐんぐん大きくなっていく。その違いはどうして起きたのか。バルサにはあって、ヴェルディにはなかったもの。それはクラブの中心を把握しながら発展させていける強力なリーダーの存在です」

バルセロナを持ち出されたときは当惑したが、永田は真顔である。ヨハン・クライフはあまりに偉大すぎて正直ピンとこない。それでも言わんとすることは理解できた。弱体化したいまだからこそ、明確な基準を示せるリーダーのもと一本化したほうが賢明だ。私が東京ヴェルディの川勝体制を支持する主な理由である。

永田に思い出深い選手の名前を訪ねると、中野雅臣を挙げた。現在ジュニアユースの3年生で、U-15日本代表に選出されるフォワードだ。

3年前、永田は埼玉のネオスサッカークラブに所属していた中野を見初め、スカウトに動いた。当然のごとく他のJクラブと競合し、なかでもJ1のクラブが積極的にアプローチしていた。世間的には身売りの噂がささやかれ、育成組織が縮小されつつあったJ2の東京ヴェルディに行くことはありえないと見られていた。

あるクラブは試合に招待し、熱狂するサポーターを見せ、スタジアムの中を案内した。東京ヴェルディはそういったアピールポイントを持たない。何度か練習に参加してもらい、同じ左利きの小林祐希や1学年上で代表に入っている高木大輔、菅嶋弘希、中島翔哉らとプレーさせ、レベルの高さをアピールした。

いくつかあったオファーから中野が選んだのは東京ヴェルディだった。

「彼はサッカーの部分で僕らを選択してくれた。それしかなかったですから。ブラジル代表のガンソみたいなプレーをします。あれくらいの選手になれる可能性がある。決めてくれたときは、うれしかったですね。このクラブに根付いているものがまだあるんだとわからせてくれた。一緒に仕事をしてきた指導者が次々に離れて、一体何が残っているのか自分でもわからなくなっていたんです。それに気づかせてくれた」

だが、念願の師弟関係は1年で終わった。さぞかし後ろ髪を引かれる思いを味わっただろう。学校の先生のように1学年ずつ担任した生徒たちを卒業させ、区切りをつけていけたらどんなにいいか。永田のようにひとりずつの選手に心から寄り添おうとすれば、いつ出ることになっても結局は同じことだ。

話し終えた永田はテーブルに視線を落とし、ふっと小さく息をついた。この人はいまのような吐息をいったい何度ついたのだろうと私は思う。

そして、永田は茶目っ気たっぷりの笑顔を取り戻し、言った。

「昨年はヴェルディと対戦して1勝1敗1分けの五分でした。もう負けませんよ」

第5章　再起

——ヴェルディの誇り——

600分の1の素人

なんだ、あいつは——。川勝良一はやたらと楽しそうに走る、ひとりの少年に目を留めた。「こっちこっち、パス、パス、パースッ」と大声でボールを呼び、元気いっぱいにピッチを駆けている。プレーは酷いものだった。ボールが止まらない、蹴れない。とてもサッカー経験者には見えない。まるっきり見当違いの方向に走ったりしている。おもろいやっちゃな、川勝は少年の番号を確認し、手元の用紙にマルをつけた。

1996年秋、新高1を対象に行うヴェルディ川崎のユースセレクション。非常に狭き門で、取るとしても例年ひとりかふたりである。約600人の応募があり、2次審査で30人、最終審査で3人に絞られた。川勝はユースの監督であった。

コーチングスタッフが集まるミーティングでひとりが言った。

「誰ですか、この選手にマルを付けたの」

「俺だよ」川勝が平然と応じる。

くだんの少年の名をTとする。Tは中学で剣道部だった。セレクションには友人の付き添いで訪れ、当日でも2000円程度を払えば受けられると聞き、試しに申し込んだ。Tは最終選考の3人に残り、ユース代表候補と静岡県トレセンの選手と肩を並べていた。

「ヴェルディユースの変なエリート意識をぶち壊したい。こいつを獲る」

川勝監督の魂胆

最終的に、Tだけがその年の合格者となった。

後日、川勝は選手たちを集めて紹介した。

「こいつ素人だけど、いじめた奴はクビな」

その場にはTの同期となる平本一樹や飯尾一慶がいた。そして、一番巧い選手に居残りでインサイドキックを教えてやってくれと頼んだ。

Tの母親にはこう説明した。

「間違いなく3年間試合には出られません。ただ、彼は大変元気がいい。チームに必要なんです」

Tは誰よりも早く来て練習し、一番最後にグラウンドをあとにした。それでも周りとのレベル差は歴然としている。毎日のように泣いては「俺はダメな奴なんです」とコーチの冨樫剛一にこぼしたという。

それでもTはへこたれない。ミスをしたときは「すいませんッ」と叫び、ピッチを行ったり来たり。「サッカー楽しいか？」と川勝が訊けば、「楽しいです」とにっこり笑って答える。雑用は進んでやり、一生懸命な姿勢が伝わってか誰も除者にはしなかった。食事の時間は持ち前の明るい性格でグループの中心だ。そのうち、チームの雰囲気がだんだん変わっていった。

川勝はその頃を思い返して言う。

「自分はサッカーが巧いから偉いんだと勘違いして、初心をすっかり忘れている選手がたくさんいた。Tのおかげで何人かはその大切さに気づいたね。まるで漫画の主人公みたいな奴だった」

ありがちな漫画であればレギュラーを獲得し、中心選手までのし上がるのだろうが、現実はそれほど甘くない。現在、Tは某スポーツ用品メーカーに勤め、日本代表を後方からサポートする業務にあたっている。川勝の豪胆さとサッカーの奥深さを物語るエピソードである。

練習嫌いだった現役時代

川勝は1983年から1989年まで読売クラブでプレー。1991年、東京ガスサッカー部（現在のFC東京）で現役を退いた。翌年ユースの監督としてランドに呼び戻したのは小見幸隆である。そのときのメンバーには3年に西澤淳二（現・川崎フロンターレ強化部）、1年に財前宣之、菅原智らがいた。

「サッカーをなめている奴らばかり。まるで昔の自分を見るような思いだった。いかにさぼっているかがよくわかった」

現役時代の川勝は優れた技術を誇る、創造性豊かなプレーヤーとして名を馳せた。右足アウトサイドから繰り出されるパスは正確無比。攻撃をリードする能力は同年の木村和司（現・横浜F・マリノス監督）に匹敵するといわれた。ふたりは日本代表ではチームメイトとなり、気の置けない間柄である。

「練習嫌いだった。いつでも蹴れるキックの練習を半時間もかけてやる意味がわからない。自分に必要なメニューは集中してやったけれど、関係ないと思ったら途端にやる気が下がる。高校時代から常に中心選手で、自分がチームを勝たせていると勘違いし、それを正す指導者もいなかった。1983年、東芝から読売に移籍して、カリオカ（ラモス瑠偉）のプレーを見たときはカルチャーショックだった。自分より巧い人があんなに走っていると。悔い改めようとしたが、なかなか治らなかった」

行き先を見失ったヨミウリらしさ

川勝は選手をガンガン走らせ、少しでも手を抜こうものなら坂の下にある京王稲田堤駅まで往復してこいと命じた。当時、読売クラブだけが高体連の強豪に対抗できるチームといわれていたが、1990年からスタートした高円宮杯全日本ユースサッカー選手権は2年連続の2回戦負け。原因のひとつはスタミナや根気強さを欠くことだと見ていた。

また、モラルを欠く行為も目についた。試合では審判に文句を言い散らし、ちょっとしたことでキレる。旅館の廊下をスパイクで歩く選手がいて、開いた口がふさがらなかった。年相応の人間が持つべき常識を備えていないと感じた。こうした不埒な行いは成長を阻害し、先々まで悪影響を及ぼすとして、特に口うるさく言った。

「そこまで厳しくしなくてもいいのではという声は身内からもありましたがね。選手たちの頭にあるヨミウリらしさと、俺の知るそれはまったくの別物。往年の読売クラブはワンプレーに対するプレッシャーが並大抵ではなかった。ひとつパスミスをしたら、この野郎とんでもないことをしやがったという空気になる。それが何年か経てどう変わったのか、ミスをしても追わない。人任せにする。カッとなって相手の足を蹴って止める。それがヨミウリらしさだとか冗談ではない。サッカーの質が恐ろしく低かった」

ユースを指導し始めた初年度、川勝は結果を出した。クラブユースサッカー選手権大会で5連覇を達成。全日本ユースは準優勝。決勝は藤枝東に1－3で敗れた。

指導者としての後悔

指導者の道を歩み出してから川勝の内面に変化が生じる。選手の頃はついぞ感じたことのない気持ちが湧き上がってきた。

「現役時代はヘタな選手を馬鹿にしていた。ところが、試合に出られないのに歯を食いしばって頑張っているユースの選手を見ていると、とても大切に思えてきた。その後、母校の法政大で指導するようになったときも、チームを強くしたいし、代表選手を育てたいと思う一方、12番目以降の選手もサッカーを続けて卒業してほしいと願うようになった。選手を辞めてもJリーグやチャンピオンズリーグを見たり、サッカーと付き合っていけるのだから」

どんな選手に対しても公平に接すること。川勝が定める指導者の条件である。ピッチでは厳格な態度を崩さないが、スイッチがオフとなればその険しさは消える。

最初から指導者として自分のスタイルを持つ人は稀であろう。皆、成功と失敗を繰り返しながらそれを造り上げていく。逆にいえば、過去の自分を省みず、経験を肥やしとできない人は向いていないと思われる。

川勝に訊ねた。これまで指導してきたなかで自らの悔いとなっている選手はいるかと。

「ふたりいるね。長田（道泰）と瀬沼（正和）。彼らは飛び抜けて巧かった」

瀬沼は抜群の技術とアイデアを持ちながら、あと数メートル、数秒を頑張り切れないところがあった。弱い相手には力を発揮できるが、相手が強化されると技術を消される。早い時期から意識の変化を促し、サッカーに必要なメンタリティを育むことができれば、違った選手生活があったはずだという。

長田はテクニックに加え、心身両面の強さを備える選手だった。１９９７年のＦＩＦＡワールドユース選手権（現在のU-20ワールドカップ）を目指す日本代表候補で、１９９６

年のアジア一次予選、アジア最終予選のメンバーに選出されていた。監督は山本昌邦である。

途中、長田は「代表の合宿に行きたくない」と川勝に言うことがあった。山本がチーム戦術ばかりを優先し、プレーしていてまったく楽しくないと言う。得点を決めた試合でも、最初に指摘されるのはディフェンスの戻りが遅いことだった。

「そのときに俺は『聞かなくていい、そんな話は』とけしかけるようなことを長田に言った。本当なら、もっと言うべきこと、言い方があったんだよ。巧い奴がふたり分働いたら、お前はもっと上のグループに行けるぞ、とかね。いまだったら、日本が世界の強豪国と戦う場合は、自分たちのサッカーができる時間は短くなって当然。少ない時間で持ち味を出せるスタミナやタフさをここで作れ。代表ではお前がイニシアチブを握るんだ。そんなアドバイスを送ると思う。あの頃はまだ自分も若くて、当然のことを当然だと言い切ってやることができなかった。あいつには悪いことをした」

「真剣になれなくなったら、子どもでも大人でも伸びないんだな」

長田はワールドユース選手権のメンバーには入ったものの出場機会はゼロ。次の目標である、2000年のシドニーオリンピックを目指す日本代表に、かつてのチームメイトである柳沢敦、中村俊輔、宮本恒靖などが選出されるなか、山本の構想から完全に外れた。長田の代表のキャリアはそこで途絶えている。

長田は2004年に選手を引退し、山口貴之と同じくFCトッカーノで指導者をしている。

――読売クラブへの憧れは強かったと聞いています。

「小5のセレクションで一度落ちているんですよ。三菱養和に入って、中3の夏に来てほしいという話をいただきました。そのときは高校からも15校くらい誘いがあったと思います。僕はずっと読売クラブに行きたかったからうれしかったんですが、親が大反対。道義的に養和から読売クラブへ行くのはありえないと。2ヵ月くらいかけて説得しました」

――川勝さんとは長いお付き合いだそうですね。

「ユースで3年、プロで3年。ほぼ6年間お世話になりました」

――川勝さんが長田さんに対して、もっと自分がこうしておけばよかったと話されているんですが、何か心当たりはありますか？

「あれかな。1999年、ケツ（川勝）さんが神戸の監督になるとき、僕も一緒に移籍したんです。２年間、試合にけっこう出してもらいました。その一方、とにかくよく叱られて、チームのなかで怒られ役みたいになっていた。そんなときに京都からオファーがあり、育ててもらった恩を感じつつ……逃げたわけではないんですけど、楽しみながらやりたいなとチームを移りました。僕にもそれなりにプライドがあって、このままでは一生怒られ役かもしれない、それは困ると考えて。

京都に移籍した当初はサッカーを楽しんでいたユースの頃の感覚を取り戻し、出てよかったと思いました。でもあのときに辛抱していれば、きっといまでも選手をやっているんだろうなと」

――そんなことも。いえ、川勝さんは代表の頃の話を。

「あ、そっちですか。ケツさんと昌邦さんの言うことが真逆で戸惑っていました。僕はケツさんの考え方に共感していて。『聞かんでええねん。お前が大きくなったらそれでええねん』と（笑）。サッカーを好きでやっていただけで、欲がないというか、途中で満足してしまった気がします。プロ３年目か４年目、神戸に行ったあたりかな。ケツさんの練習はめちゃめちゃキツくて、ついていくので精一杯。あとは持っている能力だけでやっていた感じです。ちょっとでも真剣になれなくなったら、子どもでも大人でも伸びないんだなとつくづく思う」

――川勝さんは「あいつ、きっといい指導者になるよ」と期待しているようです。

「ベースにあるのは、読売クラブで学んだことです。攻撃の選手にハードワークしろというより、スルーパスが引っかかったときに『お前、ヘタくそだな。そんなのも通せないの?』と言ってあげる。ディフェンスしろと言われるより、そっちのほうがずっと悔しいんです。僕自身が小見さんやケッさんに『へえ、そんな簡単な抜かれ方をするんだ』と言われて育ったので。自分はいい指導者に恵まれたと思います。ピッチに立てば真剣にやってくれて、プレーの質を重視し、それぞれ人間味のある方々でした」

才能を伸ばすための処方箋

川勝が存分に手腕を振るうにあたって、欠くことのできない人物がいる。森栄次。東京ヴェルディのコーチ兼育成部長を務める。年齢は森がひとつ下だ。現役時代、ピッチの外では単独行動を取ることの多かった川勝だが、不思議と森とは馬が合ったようだ。

「あの頃はいろいろなところに連れ出してもらいました。よく行ったのは六本木のディスコ。楽しかったですね。六本木なんて場所も知らなかった。サッカーに一生懸命で年ばっかり食っちゃって、遊びとは無縁の生活でしたから」

森は高校を出たあと印刷会社に就職するが、そこを半年で退職。読売クラブのテストを受け、この世界に足を踏み入れた。

「ウェルカムな雰囲気ではなかった。むしろ逆です。みんな自分が試合に出たいから新人を潰しにかかる。グラウンドへ行くたびにもう来るなと言われ、ゲームでは一発目にガツンと削られ、帰れ帰れと追っ払われる。次の日に行くと、また来たのかよと言われて泣きたくなった」

3年間はジュニア暮らし（現在のサテライト）。4年目に出場のチャンスを掴み、一気に花が咲いた。1983年、読売クラブがＪＳＬを初めて制覇した記念すべきシーズンである。

森のプレースタイルについては、菊原志郎の思い出が雄弁に語る。

「僕が高校生でトップに入った頃は、並の厳しさではなかった。練習より公式戦の方がどれだけ楽だったことか」

16歳でトップデビューした菊原を、紅白戦で密着マークしたのが森だった。森はラモスやジョージから「志郎がボールを持ったら激しくいけ。何もさせるな」と言い含められていた。その通り、菊原にボールが渡ると、間髪入れずプレッシャーをかけ、なぎ倒すように奪った。プレーは強く、汚く、そのうえボールさばきも巧みだった。そして、ピッチを離れると別人のように優しく菊原に接した。

そこではいかに判断を速くして、正確にプレーできるかが問われた。日々、傷だらけの足を引きずりながら、菊原はクラブハウスをあとにしたという。

「僕の知る最高のボランチが森さんです。あのときの厳しさがなかったら、その先の自分は間違いなく存在しない。若いやつを伸ばすためには踏み潰してやらないと。そこから這い上がってきたとき、初めて本物になる」

生命線をどう太く強くしていくか

森は30歳でスパイクを脱ぎ、知り合いの設計事務所に勤務する。バブルがはじける前で景気はそこそこよかった。2年を過ぎた頃、小見から川勝と一緒に育成組織を見てほしいとの打診を受ける。毎日がデスクワークでちょうど体を動かしたいと思っていたところだった。迷いはなかった。1992年、読売クラブユースの川勝・森体制がスタートし、指導者としての仕事が始まった。

「僕がこのクラブを好きなのは、雑草やアウトローを受け入れてくれるから。バウル（土屋征夫）のような選手はうれしい存在です。ブラジルから帰国し、ヴェルディの練習に参加し始めたときはまともにボールを蹴れなかったのに、こんなに長くプロでやっている。ここまで上達した本人が偉いんですけどね」

練習生から日本代表まで駆け上がった中澤佑二もそのひとりだ。派手な髪形をして身体の線は細く、「マッチ棒のようだった」と森は語る。ギラギラした雰囲気が印象的な青年で、どんな過酷なトレーニングを課しても食い下がってきた。

「自分だって読売クラブがなかったらどうなっていたかわからない。一歩間違えれば、いつチンピラになっていてもおかしくなかった。それがサッカーでメシを食えている。そんなクラブ、ほかにあります？　だからこそ大事にしたい」

ふだんの森は人当たりのいい柔和な人物である。そこから現役時代の激しいプレーを想像するのは難しい。そんな森がある練習試合で審判を務めたとき、大学生に激高し、ピッチから叩きだしたことがあった。やはりこの人も勝負に懸けた人であり、内面には険しさを秘めているのだなと思う。

1999年、ヴィッセル神戸の監督に就任する川勝とともにランドを離れ、2010年、東京ヴェルディの川勝体制始動に加わる。実に11年ぶりの復帰だ。久しぶりに育成組織を見て、率直にどんなことを感じたのだろうか。

「戦えないね。アグレッシブさがなく、足先だけでやっている印象を受けた。ちょっと巧い子はたくさんいます。彼らを勘違いさせてはいけない。そんな甘いものじゃないよと教えてあげないと」

2009年に日本テレビが経営から撤退し、予算規模が縮小した東京ヴェルディにとって、育成組織は生命線だ。ここが力を失えば、復活の糸口を手繰り寄せるのは難しくなる。

「この地域の一番手の子が希望するのは、横浜F・マリノス、FC東京、川崎フロンターレの3クラブ。状況が厳しいのは確かです。東京都トレセンはFC東京のスタッフが占め、うちもそこに人を送り込めればいいのだけど、マンパワーが圧倒的に不足している。その点、トップがJ1かJ2かの差は大きい。J1に上がることで解決できることは少なくありません。それなりにレベルの高い子が集まってきますから、うまく育て上げてトップに人材を輩出したい」

2011年9月に行われた新中1のセレクションは276名を集め、昨年の応募数から倍増した。「クラブユースの連覇と高木兄弟の影響が大きかったようです。世界につながるというイメージが子どもたちを引き寄せた」とは育成副部長の山本佳津。とはいえ、FC東京は優にその倍を集める。素材によってトップ昇格の実績に差が出てくるのは確かで、今後スカウトを含めて何らかの対策を打っていく必要がある。

小山支部設立の経緯

栃木県小山市。ここで楠瀬直木が始めたサッカースクールが東京ヴェルディ小山支部の原型となっている。最初、募集に応じたのはたったひとりだった。楠瀬を含めて3人のコーチが金を出し合い、1時間3000円のグラウンドを3時間借りていた。スクール生がひとりでは赤字もいいところである。

「小学4年の男の子と大人のコーチが3人。1対3でみっちりやって、子どもはもうへろへろですよ。その子の親御さんが喜んでくれて、友だちを連れて来てくれた。30人くらいにはなりましたけど、軌道に乗るまではだいぶ時間がかかりました」

それにしてもなぜ小山だったのか。楠瀬は帝京高から法政大に進み、読売クラブに加入した。本田技研に移籍し、そこで一応キャリアの終止符を打っている。

「いまはもうなくなってしまったんですが、ブリッツ小山というJリーグを目指したチームがあったんです。選手兼コーチで来てくれないかという話があり、戸塚（哲也）さんとふたりで行きました。ところが、2年くらい給料が出なくて本当に貧乏生活。肉体労働で稼いでいた時期もあります。そのうちチーム自体がなくなってしまい、幸い地元の方々が応援してくれていたので、食うためにサッカースクールを始めようと」

ヴェルディが全国各地に支部を持つようになったのは1998年のこと。読売クラブOBの楠瀬に竹本一彦から連絡が入り、小山支部がスタートする。最初は細かい契約条項はなく、ヴェルディの看板を使ってよいという程度のものだったそうだ。小山支部を経てJリーガーとなった選手に、ベガルタ仙台の富田晋伍、浦和レッズの小島秀仁がいる。

2010年、楠瀬は小山での仕事が評価され、東京ヴェルディのユース監督に就任。当時、育成スーパーバイザーとして人事を動かせた都並敏史がこれを決めている。

「小山ではコーチの人材育成や栃木県サッカーの振興にエネルギーを割かなければいけなかったので、選手の育成に集中できるいまのほうが充実感はあります。タイミング的にもそろそろ出なければと思っていたところだった。若いコーチが一本立ちするために、僕の存在が邪魔になっていると感じていたので。いなくなったことで責任感が増し、のびのびやっているようです」

Jの育成組織だからこそ持つべきもの

楠瀬の率いる東京ヴェルディユースは順調に成果を挙げている。前任者たちの遺産とはいえ、２０１１年のトップ昇格は5人。２０１２年も南秀仁や杉本竜士をはじめ、昇格を狙える選手が複数いる。また、２０１１年7月に行われたＦＩＦＡ　Ｕ-17ワールドカップには高木大輔と中島翔哉を送り出した。

「ここの選手は全員プロにならなければいけない。そのくらいの使命感を持ってやっています。もちろんヴェルディだけでは無理ですよ。大学で力をつけて、ほかのチームに行くことを含めれば可能性はあると思います。１番から5番までプロになったとして、では5番と6番の子にどれほどの差があるか。実際はそれほど変わらない。本当に別格の素材なんてそうはいません。あとは鍛え方次第。上に行きたい気持ちが強いか弱いかだけ。サブだから無理だとか思わなくていい。プロになりたい子はなっていいんです」

楠瀬がこういった考え方をするのは家庭環境が多分に影響している。父親はオペラ歌手だった。経済状況は深く知らなかったが、生活に支障はなかった。昔から好きなことをして暮らしていくのが普通だと思っていた。高校や大学の仲間から「サッカーでは食えないよ」と言われても、なんとかなるだろうと気楽に構えていた。

父親が元プロ野球選手の高木兄弟を見ていると、自分と似たものを感じるという。プロになる思いに一点の曇りもない。思い上がりや勘違いではなく、なって当然という強さを持っている。こればかりは見習おうとしてそうできるものではない。

「川勝さんからユースに要求されているのはシンプルなことばかりです。ボールを奪われたら奪い返しにいく姿勢の徹底。プレーの積極性。礼儀正しさ。止める蹴るといった基礎技術の向上。最終的には、真面目な選手、自分に対して真剣に向き合える選手が強い。それにいち早く気がついた者勝ちです。グラウンドに出る前に必要な準備。練習や試合での集中力。自分のやるべきことにフォーカスして力を注ごうとするなら、自然と真面目になっていくものです」

先駆者たちが残した真実

現役時代の楠瀬はパワフルなディフェンスを得意とするセンターバックだった。サッカーには全世界共通のセオリーがあるから楽しいという。ブラジル人でもイタリア人でも、この状況ならダイレクトという暗黙の了解がある。そこでボールを止めたら、わかってない奴の烙印を押される。

若き選手たちには、勝負ってこうだろ、というのを伝えたい。それは自分が読売クラブでプレーし、先輩から受け取ってきたものである。いざ勝負に出るとき、最後のギアをぐっと入れる。なりふり構わず捨て身で前に出ていく。それが最高に格好いいんだぞというのを次世代の選手に託したいと思っている。

「相手に追い込まれたところをワンツーで一気に打開。お客さんがオーッと沸く。僕の考えるヴェルディのスタイルをひと言で表現するなら、逃げないよ、ということ。原点に立ち返るのではなく、常に新しいものを創り続けなければいけない。本当は過去のどこを探しても、読売クラブの原点はないんですよ。たとえばジョージさんが帰ってきても、再現できるものではない。ここのサッカーは常にモダンで周りの一歩先を行っている、あるいは道を開こうとしている。そこに血が通い、躍動感が生まれるんです」

サッカーにどれだけ殉じることができるか

川勝の若手を見定める眼は厳しい。ベンチメンバーに入れて、後半の半ばを過ぎて3点リードがあるから軽く試しておこうかということを一切しない。試合に出ることがどれだけ大変なことか。責任を求められることか。簡単には使わないことで、それを教えているように見える。

「若手だから自分の持ち味を出せばいいなんて甘い。ボールを取られたら取り返す。体を張るべきところで張る。試合に出るためには当たり前のことをやり、チームメイトの信頼を得なければならない」

こうした川勝の厳格な態度について、現役時代を知る都並敏史はこう推測する。

「川勝さんはまぎれもなく天才プレーヤーでしたよ。あんなに巧い選手はそうそういない。ただ、同じポジションにジョージさんやラモスさんなどキラ星のごとくタレントがいて、その陰に隠れる時期があった。あの頃の自分がもっと泥臭くプレーできたら、もっと走れたらライバルを押しのける活躍ができたと思うからこそ、才能のある若い選手に対して厳しく接するのではないか」

これに川勝はこう答えた。

「それも理由のひとつ。それだけではないけどね。高校までは猛烈に厳しい練習をやらされたんです。それこそ死ぬほど走らされた。大学に入って、多少コントロールできる環境になり、ややペースダウンした。自分は目の前の目標をクリアしたら休憩するクセがあった。ユース代表に入るまで一生懸命やって、選ばれて遠征に行くとちょっと休憩。次はメンバーから外される。大学のときは当時のB代表（日本代表予備軍）に入るまで全力で頑張り、入ったらそこでひと息つく。また外される。それを繰り返してきた。同年の誰よりも早くそこに到達したいと思い、実際その通りになると先が続かない。Jリーグ以前の時代は代表がゴールのようなものだった」

さらに毎年オフは自費でイタリアに赴き、そこで見てきたことも考えを深める材料となっている。セリエAの代名詞であるウノ・ゼロ（1－0）のサッカーは趣味ではないが、1点の重みが他の欧州リーグとは違う。マフィアが跳梁跋扈し、サポーターも過激極まる。選手たちはそのなかで文字通り命懸けでプレーしているからだ。

「抜群に巧い選手が厳しいトレーニングを積み、シビアな競争のなかで生きていた。彼らは夜遊び好きと揶揄されるけど、選手であることと引き換えに常人では考えられないほどの心理的な圧力を受けながらやっている。とにかく、人より多くの才能に恵まれている人は練習したほうがいい。もったいないからね」

育成組織の活用と限界

また、松田岳夫は別の角度からこのような考えを話す。

「澤（穂希）は決して巧い選手ではないけれど、もっと巧くなりたいと常に思っている。国内の大会を何度も優勝し、（2011年は）ワールドカップで世界一になったが、おそらくその気持ちに変化はない。男子との対戦はフィジカルの面で差が大きく、負けても仕方がないところなのに、次はあいつらに勝ちたいと本気で思っている。

（小林）祐希や（高木）善朗はすぐそばにまだ敵わない選手がいるのに、なぜ俺らが一番だとすぐ納得してしまうのか。世界に出たいという高い目標を掲げる一方で、いまやるべきことにピントが合っていなかったように思う。満足しているつもりはないのだろうけれど、僕にはそう見えた。とりあえずこんなもんかと満足したらそこで学ぶものはなくなる」

長年ベレーザを指導してきた松田は、指導者や身近な競争相手に恵まれない女子を多く見てきた。彼女たちの飢えはひしひしと伝わってきたという。なでしこジャパンの大ブレイクで最近は変わってきたかもしれないが、当時はプレーが対価を生むことは考えにくい時世だ。それでも真剣そのものだった。

岸野靖之は言う。

「ヴェルディは下から上へのサイクルはすでにできている。横浜FCはようやくそれがスタートしたところ。でも、育成組織を最大限に活用するだけでは強いチームを作れません。若手をワンランク、ツーランク成長させられる、よりハイレベルな選手はどうしても必要になる。それは外から獲ってこなければ、中だけを充実させて解決できる類いの問題ではない。また、ヴェルディは有望な若手が国内外に移籍するなかでチームを作っていかなければならない。横浜FCとは違う難しさがあるね」

一般的に、同質性の高さはチームワークの点で有利だが、発揮されるパフォーマンスの限界値は低く設定される。もし煮詰まってしまえば、手の施しようがなくなるのもデメリットだ。

チームを編成していく上で、外部から新しい血を導入する必要性は小見も岸野と同意見を持つ。

「つまらない言い方になるけど、混ぜたほうがチームは強くなる。ヴェルディの育成組織からは出てこないような、とことん献身的なタイプだったり、強靭な肉体がウリの外国人選手がいれば効果的でしょう。こういうことを楽しく悩めばやれないことはない。ここが踏ん張りどころですよ。育成がダメになったら本当にヴェルディは終わる」

ズデネク・ゼーマンに受けた影響

現在、東京ヴェルディの〝基準〟は川勝の言葉と頭の中にある。育成の指導者にはよくこんな話を聞かせる。

「子どものプレーを見て、そんなところを狙っていたのかと驚かされたら指導者の負け。その意図を見抜けない人間はここにいてはいけない。子どもに対し、あのパスは面白い試みだったけれど、あそこの場面では逆サイドに展開したほうがよかった。そういった会話ができるのがヴェルディの指導者だ」

監督やコーチは絶え間なく考えなければならない。目の前にパスコースはあるのにわざわざドリブルで人をおびき寄せて斜めに突っ切る理由は何なのか。スペースを作ろうとしているのか。パスを出すタイミングを計っているのか。それとも味方を囮に使い、自分でゴールを決めようとしているのか。

「最終的には個でしょ。そこのスポットの当て方が最も重要になる。昔からヴェルディにはひとつのプレーに関して前から横から斜めから見て、選手を刺激できる指導者がいた。マニュアル化はできない。だからこそ指導者の眼は重要になる。一方、育成については、煎じ詰めて考えると1対1の強さになるのではないかと思う。単純に、その能力が高い人はプロに到達しやすい。昔のマンマークの時代は11対11から始まり、個人の卓越した技術やアイデア、またはフィジカルで、相手を10にして9にして8にしてイニシアチブを握っていった。その重要性はいまも変わっていない。これをグループ戦術で捉えるとごまかされがちで、個の強さは育ちにくい」

川勝に最も影響を受けた指導者を訊ねると、ズデネク・ゼーマン（現・セリエB ペスカーラ監督）の名を挙げた。1990年代、セリエAのラツィオやローマを率いた監督として有名だ。川勝はゼーマンと知り合い、トレーニングを見せてもらったことがある。ボールを使いながらフィジカルを強化するメニューをはじめ、どれも体に相当の負荷をかけながら、それでいてボールをコントロールするために必要な動作も入っていた。合理的かつ、現実の試合に則したリアリティがあった。「手と同じように足を使えるように」とゼーマンが言ったときは自分と同じことを考えていると思い、少しずつ形成してきた指導理論に確信を得られた。

ピッチ上での存在意義

20年以上前のことだ。読売クラブはドイツ人のルディ・グーテンドルフが監督を退任し、与那城ジョージ体制に移っていた。小見はコーチを務めていた。

ある試合、川勝独特のアウトサイドで入れるくさびや、相手の虚を突きわずかな隙間を通そうとしたパスがミスとなった。次の試合、川勝はスタメンを外された。

小見がジョージとその件について話し合うと、「もっと確実なプレーをしてほしい」と言う。リスクの高いプレーを選択するからには成功させなければならない。それがジョージの考えだった。ジョージはそれを川勝に直接伝えそうにない。仕方なく、小見が中継することになった。

「ケツよ、次はミスなく安全にプレーしてみろ。やれるだろ？」

川勝は意地を張った。

「だったら、バックパスをしていいんですか？」

読売クラブの選手、特に中盤から前の攻撃的なプレーヤーはバックパスを嫌った。ボールを持ったらどのポジションでもゴールを向くのが大原則。自分が視野を確保していたら決してボールを下げない。それは絶対に逃げるものかという気概であり、チームの不文律だった。

小見はいまさらそれはなしとも言えず、やってみろと話を打ち切る。

川勝は不承不承うなずいた。

「相手はヤマハだったかな。ケツ、すごいよ。パーフェクト。ひとつもミスをしない」

小見は愉快そうに笑いながら振り返る。だが、川勝からすれば不満の解消にはいたらなかったようだ。

「スタメンに復帰できたけれど、納得はいかなかったね。ノーミスでやろうと思えばできる。しかし、それではただの選手に成り下がる。イコール、自分の価値はゼロです。アイデアを大事に、得点に直結するだろう最も難易度の高いパスコースを狙う。そのやり方が認められないのであれば、プレーする意味がない」

監督となった川勝は選手が描いたイメージ、一瞬のひらめきを尊重する。自分のような思いはさせないという一種の規範である。

「ケツの言いたいこと。ジョージの言いたいこともわかる。ケツができることは証明されたのだから落着です。ふたりとも偏屈なところがあり、ポジションが重なる。そこは互いに意地があるんですよ。考えてもごらんなさい。ケツはあの時代に京都商業、法政大と進みながら、自分のアイデアを大事にするサッカーを貫いた。頑固じゃなければ無理です。監督の顔色をうかがっていたら到底できない。これとヴェルディの選手が持つ良さの融合は、ケツの仕事の集大成に近づくのではないですか」

と言う小見は、東京ヴェルディの監督時代（2001年7月～2002年4月）、フロントの動きに不信感を抱いた。監督の仕事は勝負の連続で、現場に集中し切っている。そこで周りの人間が自分を後押ししてくれているのか、足を引っ張ろうとしているのかわからないものだそうだ。

その点、フロントが信頼を寄せ、同じマインドを持つコーチングスタッフに支えられる川勝は余計なストレスを抱えることは少ないだろう。2011年初頭、シーズンの目標をこう語っている。

「5位に終わった2010年と同じことを繰り返したくない。面白いサッカーをしていたけれど、最後は残念だったね。そんな感想を聞くのは一度で十分。トップを狙う。先につながる内容のともなったサッカーで勝つ。Ｊ２を勝ち抜くために定石となっていること、既存の教科書を破りたい」

ボールはその性質上、運動を好み、停滞を嫌う。要は、じゃんじゃん動かしてやった方がいい。東京ヴェルディの追求するサッカーは、そういった自然の道理に沿うものだ。よって、生命線のパス回しは微に入り細に入りこだわる。川勝の要求はシビアだ。始動早々、ミスの多いパス練習に激高した。

「激しい口調によって選手に伝わるのは怒りの感情だけではない。こっちも必死なんだということ。本気で強くしたいと思っている熱のようなものは残せる。人によって手法が異なるのはいいとして、理論派ぶっている人は必死さをどこかでごまかしているだけではないのか。本当にそれで伝えられる人間性を持ち合わせているのか。俺は一切の嘘を排除し、本物をつくる。それしか興味がない」

本物が世に通らないわけがない。川勝は心底そう思っている。

異端児たちの果て。その目指すもの。

読売クラブは旧態依然とした日本サッカー界に放たれたカウンターカルチャーだった。日本に馴染みのないクラブ組織の選手たちは異端児と言われ、勝利のために手段を選ばないことから野武士軍団、アウトローと呼ばれたこともある。

それが主役に躍り出たのは、まじりっけなしの本物だったからだ。本物だったから、多くの人々の関心を惹き、腕に覚えのあるサッカー小僧がこぞってランドを目指した。

ここ十数年のヴェルディに欠けていたのはまさにそこである。本物とは何を指すのかさえ見失い、対処療法の乱れ打ちで組織が硬直化し、やがて疲弊していった。

そんななか育成組織だけは特別だった。ランドで子どもから大人になった人々によって、サッカーが連綿と受け継がれてきた。

富澤清太郎はこう語る。

「ラモスさんやケツさんたちがつくり上げてきたサッカーを、小4から同じ感覚でやっている。感覚がほかのクラブとは違う。指導者から細かい技術を見られ、意識させられる。ワンツー、相手の逆を取ること、そこにこだわりを持ったサッカー。昔、選手だった人が指導者になり、子どもに要求していくから絶対に消えない。同じＤＮＡが下から上まで通っている。いつでも誰とやってもヴェルディ色のサッカーがある」

一方で、時代は移り変わり、変わらなければ生き抜けない。それはサッカークラブも同じだ。２０１０年の経営危機を脱した東京ヴェルディの本当の勝負はこれからである。

かつて日本一の環境と謳われた施設は不便なものとなった。クラブハウスの使用できるスペースは以前の４分の１。グラウンドは天然芝２面、人工芝２面だったのが、それぞれ１面ずつになった。つまり半分のスペースで活動している。それさえ、この先約束されたものではない。

指導者はここ数年で大幅に入れ替わった。育成部長の森を中心に急ピッチで意思統一が図られているが、一時的な混乱は避けようがない。これまでのようにコンスタントに選手を輩出できるかといえば、そこは疑問符が付く。

振り返っても、そこには流れ去った月日があるだけである。東京ヴェルディは新しい世界を獲得しなければならない。

それが本物ならば――ここからプロサッカー選手は生まれ続ける。

おわりに

あんな夏はもう二度とないだろう。

２０１０年８月１日、日本クラブユースサッカー選手権決勝。東京ヴェルディユースは柏レイソルU-18を下し、優勝を果たした。決勝点は小林祐希の左足だった。１-１で迎えた延長前半、中央やや左寄りの位置で得たＦＫ。小林のキックはゴール右隅に吸い込まれていった。

この年、東京ヴェルディはシーズン開幕前から経営危機で揺れていた。Ｊリーグ理事会で毎回のように議論され、５月には資金ショートの可能性が発覚、６月には経営陣が退場し、Ｊリーグ主導でクラブが運営されることになった。

８月15日、国立競技場。コンサドーレ札幌戦のハーフタイム、東京ヴェルディユースの優勝報告会が行われた。ゴール裏に向かって整列する面々。キャプテンの渋谷亮が代表してマイクの前に立つ。そして言ったのだ。

「ヴェルディは僕たちの未来です」

そのとき私のなかに湧き上がった感情はうまく説明できない。サッカーと女の子のことを考えていればいい年頃の彼らに、なんてものを背負わせたのか。その不条理さが頭をぐるぐる回っていたように思う。

東京ヴェルディユースの進撃はさらに続いた。

8月28日、東京都サッカートーナメント決勝に進出した東京ヴェルディユースは、ＪＦＬの横河武蔵野ＦＣを２－１で破り、天皇杯東京都代表の座まで手中にする。大学、社会人とともに強豪がひしめく東京都において、高校生年代のチームが天皇杯に出場するのは史上初の快挙だった。

しかも、ふたつの決勝戦はともに先制を許しながら、逆転して栄冠を掴んでいる。彼らがただ者ではないことを示し、その偉業をより一層大きなものとした。

クラブの存続危機に際して、ランドで育った選手たちが眩いばかりの輝きを放つ。大人のチームを打ち負かし、ここに東京ヴェルディありを全身でアピールする。私はこれを偶然とは思えなかった。育成組織に心血を注いできた東京ヴェルディにとっては、ほかの何よりもふさわしい出来事である。

あのとき——ヴェルディの魂が爆ぜたのだ。夏の夜空の下、私はその瞬間を見ていた気がする。

10月19日、東京ヴェルディはゼビオ株式会社と5年間のメインスポンサー契約を結んだと発表し、存続が決定的となった。


2011年に入って、私はある場所を初めて訪れた。小田急線の読売ランド前駅からランドへと続く道。なだらかな坂の途中に「かしわや」はあった。昭和の匂いを漂わせる、昔ながらの駄菓子屋さんである。

「練習が終わったらみんなで来て、奥の部屋に上がり込んでラーメンを食べながらテレビを観ていましたよ」

と、店主の柏倉ミエ子さん。少年時代の都並敏史や戸塚哲也をはじめ、数多くの選手がここを憩いの場としてきた。皆、親しみを込めて、おかあさんと呼ぶ。

森本貴幸は「僕がすごい選手になって、お店を建て直してあげるね」と約束している。元日本代表の○○が中学生の頃、周辺をバイクで乗り回して補導されたときは、柏倉さんが身元引受人として警察に迎えに行くこともあった。

「みんないい子でした。仲良しで喧嘩なんてほとんど見たことありませんね。そんなことより、ほら、アイス食べなさい」

お金を払いますと言っても聞いてくれない。まいったなあ、40も近いのに。たくさんお礼を言って、アイスをいただく。

夕方、ランドに向かう小学生や中学生がお菓子をひとつふたつ買っていく。ユースの南秀仁や高木大輔は、言葉遣いが荒い後輩を見つけるとすかさず注意するそうだ。

「大ちゃんや南くんはしっかりしていますよ。『これいくら? じゃないだろ。ちゃんとお願いしなさい』って。最近の子はグループで来るより、ひとりずつ来ることが多いです。昔のほうが和気あいあいしていたわねえ」

いろいろな話を聞きながら、ゆっくり時間が流れていく。夏草の匂いが風にのって運ばれ、鼻をくすぐる。やがて高校生の下校時間となり、表の人通りが増えてきた。ラモス瑠偉がここを行き来していた頃は「お元気ですか〜」と声をかけていったそうだ。

店内には数多くのサイン色紙や写真、新聞の切り抜きが飾られている。若き日の菊原志郎を発見。髪型と服装が時代を感じさせる。冨樫剛一のサイン色紙には「守備の要」と太字書き。サインはどれも中学生や高校生のときに書かれたものだ。プロになって自分にキャッチフレーズを付ける人はいない。店の入り口近くには、2010年のクラブユース選手権に優勝したときの集合写真が飾られている。ある日、南が届けに来たという。

「かしわや」と東京ヴェルディはほぼ同年代だ。40年余り、ランドに通う子どもたちの成長を静かに見守ってきた。

本書は東京ヴェルディの関係者をはじめ、活躍の場を全国に広げる指導者、選手やスタッフなど多くの方々の協力によって生まれた。プロサッカー選手が育っていくとはどういうことなのか。真摯に向き合ってくださり、感謝している。出版にあたっては、白夜書房の沼野匡智氏にひとかたならぬご尽力をいただいた。

東京ヴェルディの物語には続きがあり、この先も山あり谷ありの起伏に富んだ道のりが待っていることだろう。それを追いかけ、書き続けられたら幸せだ。

なお、部分的に『週刊サッカーダイジェスト』『サッカー批評』に寄稿した記事を再構成している。その頃のタイミングでしか聞けなかった話は多く、執筆の機会を与えていただいたことをありがたく思っている。

また、参考図書には東京ヴェルディが発行した記念誌『クラブサッカーの始祖鳥　読売クラブ～ヴェルディの40年』が大変役に立った。
すべての関係者各位に深く感謝する。

２０１１年秋　海江田哲朗

海江田哲朗（かいえだ　てつろう）

1972年、福岡県生まれ。獨協大学を卒業後、フリーライターとして活動を始める。情報誌のライターを経て、2000年からサッカーの取材をスタート。2001年、ヴェルディの東京移転を機に定点観測を始める。以降、育成年代のサッカーにも対象を広げ、国内外の大会を取材。すっかりマイクラブとなった東京ヴェルディに軸足を置きつつ、日本サッカーの現在を追う。主な寄稿先に「中学サッカー小僧」、「サッカー批評」、「週刊サッカーダイジェスト」、「週刊サッカーマガジン」、「スポーツナビ」等がある。Jリーグ登録フリーランス。

◎ブログ　http://ameblo.jp/writer-kaieda/

異端者たちのセンターサークル——プロサッカー選手を育てるということ
2011年11月5日　初版第一刷発行

著　者	海江田哲朗			
発行人	末井　昭			
装　幀	中八スタイル			
発行所	株式会社白夜書房			
	編集部	〒169-8577	東京都新宿区高田馬場4-28-12	03-3227-7717
	営業部	〒171-0033	東京都豊島区高田3-10-12	03-5292-7751
印刷・製本	大日本印刷株式会社			